Das ägyptische Totenbuch in Bild und Deutung

Albert Champdor

DAS ÄGYPTISCHE TOTENBUCH
IN BILD UND DEUTUNG

Bearbeitet und herausgegeben
von Manfred Lurker

Gondrom

Der Verlag dankt folgenden Fotografen: Kurt Flimm, Karlsruhe (Abb. nach S. 56, 120 und S. 213 unten); Günter R. Reitz, Hannover (Abb. nach S. 48, 80, 96, 144, 176, 192); Philipp Vandenberg, Baiernrain (Abb. S. 63, vor S. 121, S. 181), sowie dem Bildarchiv Foto Marburg (Abb. S. 114/115). Alle weiteren Abbildungen stellte der Verlag Albin Michel, Paris, zur Verfügung.

Lizenzausgabe für Gondrom Verlag GmbH & Co. KG, Bindlach 1994
mit Genehmigung des Scherz Verlag, Bern und München.
Einzig berechtigte Übertragung aus dem Französischen von
Holger Fließbach
Titel des Originals: *Le Livre des Morts*

ISBN 3-8112-0974-4

Inhalt

VORWORT

Was den Abendländer seit den Tagen Herodots an der altägyptischen Kultur am meisten fasziniert, sind der Totenkult und die mit ihm verbundenen Vorstellungen vom Jenseits. Obwohl der Ägypter auf den Tod hinlebte, ja vielleicht gerade deshalb, hat er den Schauder vor der Vergänglichkeit überwunden. Nicht schreckliches Ende ist der Tod, sondern eine in die Zeit hineinreichende und die Zeit überdauernde Funktion des Schöpfergottes, durch welche das Dasein erneuert wird, wie auch der zum Greis gewordene Sonnengott sich in jeder Nacht verjüngt, um am Morgen als Kind den neuen Tageslauf zu beginnen.

Um die gefährliche Reise in das Jenseits, in Parallele zur Nachtfahrt der Sonne gesetzt, gut zu überstehen, wurde der Körper durch die Mumifizierung dem natürlichen Zerfall entzogen, mit Wegzehrung versehen und durch in das Grab mitgegebene Sprüche (Pyramidentexte, Sargtexte, *Totenbuch*) auf das Jenseits vorbereitet. Die in den Gräbern so zahlreichen Reliefs und Wandmalereien sollen nicht den Nachkommen aus dem Leben der Vorfahren erzählen, sondern – wie auch die zahlreichen Grabbeigaben – vielmehr das auf der Erde erloschene Leben selbst weiterführen, gleichsam als magische Kraft, und so dem Toten den Genuß seines irdischen Besitzes in die Ewigkeit hinein verlängern.

Anhand des *Totenbuches* versucht Albert Champdor, bekannt durch zahlreiche, auch ins Englische und Spanische übersetzte Werke über Kunst und Kultur des Alten Orients (u. a. *La peinture égyptienne ancienne, Ter-*

res et Dieux de Syrie, Les civilisations de la Mer Morte), den Leser mit den altägyptischen Vorstellungen von Tod und Jenseits vertraut zu machen. Dabei geht es ihm nicht um eine wissenschaftliche Einführung, sondern um ein behutsames Aufzeigen alter Glaubenslehren, die uns moderne Menschen so fremd anmuten und die uns doch immer wieder in ihren Bann ziehen. Champdor nähert sich einem romantischen Ägyptenbild, was auch in der oft dichterisch beschwingten Sprache einen Niederschlag findet. Als Meditierender am altehrwürdigen Amuntempel von Theben sitzend, schaut er Jahrtausende zurück und läßt den ihn Begleitenden einen Blick werfen in jene großartige, geheimnisumwitterte Welt mit ihren Mythen und Mysterien, die um den getöteten und wiederauferstandenen Osiris kreisen, der als Totenrichter die Herzen der Verstorbenen prüft und von dem die Gläubigen sich ein neues, osirisgleiches Leben erhoffen.

Verlag und Herausgeber bemühten sich, bei mancher notwendigen Textergänzung und -korrektur im Licht der modernen Forschung, die Gesamtkonzeption zu wahren. Die chronologischen Angaben wurden dem modernen Forschungsstand angeglichen und das Literaturverzeichnis um wichtige neuere Publikationen ergänzt. Eine Liste der im *Totenbuch* vorkommenden Götter und religionsgeschichtlichen Begriffe soll dem Leser das Textverständnis erleichtern. Das Bildmaterial wurde um zahlreiche Farbtafeln und einzelne Schwarzweiß-Illustrationen erweitert.

Manfred Lurker

Hier beginnt die Geschichte der Menschen, der Götter und der Toten

Ewiges Ägypten ... Mag uns die Mehrheit der großen Reiche von einst und der ältesten Zivilisationen nur mehr in einigen Zeugnissen ihrer Technik und ihrer Kunst, ihres Wirkens und ihrer gesellschaftlichen Gestalt überliefert sein; mögen die Archäologen geduldig in den mesopotamischen Wüsten und den mexikanischen Dschungeln nach den Spuren versunkener Städte forschen, die unter dem Sand begraben oder im undurchdringlichen Lianengeflecht und Moderduft des Urwalds erstickt sind: Es genügt, den Boden Ägyptens zu betreten, um alsbald die Gegenwart einer erhabenen Kultur zu spüren und wie ein Geschenk vergangener Generationen zu empfangen. Ein sechstausendjähriges Ägypten ist es, das den Besucher sogleich in seinen Bann schlägt und verzaubert. Angerührt von Ägypten, wird man wieder zu einem Stückchen jenes anonymen Lebens, das ohne Anfang und ohne Ende dahinfließt wie der himmlische Nil, zum Ergötzen jener, für die die Ewigkeit ohne Hoffnung und die Mumie unantastbar ist. Etwas von der Wärme und dem Leben des ewigen Ägypten durchdringt Körper und Geist, noch bevor man prüfend die Hand auf die realen Säulen hingeträumter Tempel legt oder die geheimnisvollen Tiefen der ägyptischen Religion ergründet: mit der Duat und den zwölf Pforten der Nacht, der Großen Verschlingerin mit dem Krokodilsrachen, die die Seelen der Toten sammelt, und der Schlange des Tals, aber auch mit dem Ächzen der Dämonen inmitten irrender Planeten, in Weltenräumen, die den Göttern vorbehalten sind. Denn das ewige Ägypten, das ist auch und vor allem das Ägypten der Nekropolen, verstreut über das libysche Bergland entlang dem Blauen Nil. Die Tempel sind geheime Bücher, und hinter ihren Pylonen, im Schatten kolossaler Hypostylensäle, ist das Wunder der Gegenwart toter Jahrtausende nicht minder überwältigend als die unablässige Liebkosung des Gott-Stromes, vertieft durch einen unvergleichlich reinen, strahlenden Himmel.

Die Geschichte Ägyptens ist mit kosmischen Zusammenstürzen der Weltschöpfung verknüpft, mit dem brudermörderischen Rasen der Götter, die zugleich die ersten Pharaonen waren*. Zwischen dem Auftreten der ersten vorthinitischen Könige und den thaitischen Verfallsdynastien dreißig Jahrhunderte später, von denen die berühmten Annalen des Thebenzerstörers Assurbanipal berichten, könnte die altägyptische Geschichte als die in materieller und kultureller Hinsicht erstaunlichste Leistung unter allen zivilisierten Völkern gelten – eine Bilanz, die gültig bleiben wird, solange das Universum mehr ist als eine Erinnerung im Gedächtnis der Zeiten und der Kälte des Weltraums. Wir wissen, daß ursprünglich der Clan unter dem Schutz des Stammestotems gedeiht, des *Ka*, wie er in den kultischen Texten der memphitischen Epoche genannt wird. Jedem, der den *Ka* besitzt, verleiht er den Lebensatem, die Zeugungskraft und jene furchtbaren magischen Fähigkeiten, von denen nur die Eingeweihten wissen. Aus dem Totem wird später der Gott des Gaues, aus dem bestbewährten Gott der Nationalgott. Aus den Königstafeln von Abydos wissen wir, daß sich die thinitischen Dynastien das bei Abydos gelegene Thinis zum Wohnsitz erwählten. Hier steht die Wiege der ersten altägyptischen Zivilisation. Um 2850 v. Chr. gründet Pharao

* Chronologische Angaben nach E. Otto: *Ägypten, der Weg des Pharaonenreiches* (Stuttgart, 4. Aufl. 1966).

Menes die »Stadt des Reiches« in Mittelägypten, an einer Stelle, wo sich »die Länder des Nordens und des Südens das Gleichgewicht halten«, und nennt diese Hauptstadt »Men nefer«, Memphis. In Memphis empfangen seine Nachfolger von nun an aus den Händen ihres göttlichen Vaters die Doppelkrone und die magischen Symbole ihrer Macht; hier identifizieren sie sich mit Horus, mit Re, mit Osiris; hier ergreifen sie Besitz von den Kontinenten, vom Leben ihrer Untertanen, von aller Vegetation. Von nun an werden sie das Antlitz der Götter, die Diener der Götter, die Großen Magier, die unumschänktesten Despoten sein; sie werden *anch, onza, senb* sein, das heißt Leben, Gesundheit, Stärke . . .

Mit den großen memphitischen Baumeistern erleben wir den Aufstieg der Epoche der Pyramiden jener glanzvollen Ära, deren beherrschende Gestalten der Pharao Djoser, der mit Re in Verbindung stehende Begründer der III. Dynastie, und sein Minister, Architekt und Hüter des Geheimnisses der Königlichen Magie, Imhotep, waren. Damals ist jene eigentümliche Stufenpyramide zu Sakkara entstanden, die sich als unzerstörbares Monument osirischer Unsterblichkeit und einer Regentschaft ohnegleichen auf einem vom arabischen Wüstenwind zerklüfteten Hochplateau Libyens erhebt. Die Nachfolger des Djoser, neidisch auf ein solches Grabmal, ließen sich noch gigantischere errichten: die Großen Pyramiden. Diese steinernen Massen dienten dazu, das Staunen der Welt zu erregen, aber auch, die winzige Sargkammer zu schützen, in der sich, vor dem mumifizierten Leichnam des Pharao und in den Tiefen eines unergründlichen Mysteriums, die Riten der osirischen Auferstehung vollzogen. Der Sphinx wacht unablässig über diese Riesennekropolen; sein rotbemaltes Gesicht faßt jenen Punkt am Horizont ins Auge, wo die

Sonne aufsteigt. Er ist der Hüter der verbotenen Schwellen und der Königsmumien; er vernimmt den Gesang der Planeten; er wacht, am Rande der Ewigkeiten, über alles, was war und was sein wird; er schaut von ferne das Fließen des himmlischen Nils und die gleitenden Sonnenbarken. Er ist Harmachis, der »Horus im Horizont«, ja, er trägt das Antlitz der vorgestellten Götter. Später, unter den frommen Pharaonen der V. Dynastie (2480–2350 v. Chr.), überzieht sich Ägypten mit Sonnentempeln, Obelisken, Observatorien für die Priester-Astronomen und Kapellen für die Hohenpriester des Re, auch »Große Seher« genannt. Der Pharao, bis dahin mit Gott gleichgesetzt, nimmt menschlichere Züge an. Wohl bleibt er weiterhin eine Emanation des Re und ihm gleich, aber er lockert doch die Herrschaft des absoluten Königtums, das seine autokratischen Vorfahren dem Volk auferlegt hatten. Was er indessen an Prestige und Macht einbüßt, das gewinnen die Priester und die Nomarchen (»Gaugrafen«). Letztere emanzipieren und vereinigen sich und bekehren auch die Führer der Karawanen, die auf ihren Handels- und Raubzügen nach Nubien und in den Sudan, ja bis zu den »Terrassen des Weihrauchs« gelangen. Aus diesen fernen Gegenden kehren sie mit jenen fabelhaften Reichtümern wieder, die den Pharaonen ihren ungewöhnlichen Luxus ermöglichen und es ihnen gestatten, neue Städte und riesige Tempelanlagen zu gründen und sich mit einem Heer von Beamten zu umgeben. Die Fresken der Königin Hatschepsut in Deir el-Bahari schildern uns einen der berühmten Streifzüge dieser Handels- und Raubkarawanen, denen später die Expeditionen des ägyptischen Heeres folgten. In der Tat schickten die unersättlich gewordenen Pharaonen ihre Generäle aus, »um die Länder der Wawat und die Schädel der Nubier zu zertrümmern«. Wir ersparen uns die monotone Aufzählung der Massaker, Eroberungen und Ruhmestaten, die diese Periode der kolonialen Expansion kennzeichnen. Unter Pepi II., der fünfundneunzig Jahre regierte – die längste Regentschaft der nachpharaonischen Weltgeschichte –, wurden die Priester, die über die furchtbaren Geheimnisse der Osirismysterien geboten, zu den Privilegierten des Systems – von allen Abgaben freigestellt und mit einer Macht ausgestattet, die realer war als die des Pharao selbst. Zugleich kam es an der Schwelle zum Mittleren Reich zu einer unseligen Verquickung von politischen und religiösen Rechten. Eine Oligarchie der Privilegierten drängte immer ungestümer in den Vordergrund und forderte eine immer aktivere Beteiligung an den Staatsgeschäften. Kaum zwei Jahrhunderte aber, nachdem man sich den Forderungen der Priesterkaste gebeugt hatte, erschütterte eine soziale Umwälzung, wie sie in der antiken Geschichte nicht ihresgleichen hatte, das ganze Land bis in seine Grundfesten. Der dauernde Amtsmißbrauch, die schreiende Ungerechtigkeit der Güterverteilung, die Brutalität der Steuereinheber, die Gleichgültigkeit der Herren, Arbeitslosigkeit, Hunger, Epidemien und die notorische Unfähigkeit des in unsichtbaren Sphären abgekapselten Pharao hatten eine chaotische Situation geschaffen, die sich jeder Kontrolle entzog und sich von Jahrzehnt zu Jahrzehnt rapide verschlechterte, bis sie endlich in den Triumph einer wahrhaft kommunistischen Revolution einmündete. Diese Ereignisse spielten sich unter der Regentschaft der unrechtmäßigen Herakleopoliten-Pharaonen ab. Ihr Gründer, von Kindheit an wahnsinnig, wurde von einem Krokodil gefressen, das sich zweifellos über Wert und Geschmack seiner Beute Illusionen gemacht hatte. So kannte schon das alte Ägypten mit seinen unversöhnlichen Härten, den Spitzfindigkeiten der dogmatischen Exzesse und den blutigen Bürgerkriegen die Heraufkunft eines Proletariats – genau dreitausend Jahre, bevor der erste Schuß in der bolschewistischen Revolution fiel. Fast wäre Ägypten, zur selben Zeit, als der letzte Pharao von Herakleopolis starb, diesem Chaos ·erlegen. Doch gelang es um das Jahr 2000 v. Chr. den Thebanern, die revolutionäre Flut einzudämmen, die sich, anders als die wohltätige Überschwemmung des Nils, von Norden nach Süden wälzte. Sie stellten zu ihrem eigenen Vorteil die Zentralgewalt wieder her und erkannten eine neue Dynastie rechtsgelehrter, liberaler Pharaonen an, die ihre Innenpolitik an einer Art Staatssozialismus orientierten, der es auch den Ägyptern von bescheidener Herkunft erlaubte, in religiöse Ämter und in den Staatsdienst aufzusteigen. So konnte das Volk unter dem Eindruck leben, sich trotz allem etwas von dem so gewaltsam Errungenen bewahrt zu haben. Was das Land betrifft, so fand es nach und nach zu seinem wirtschaftlichen und sozialen Gleichgewicht zurück. Aber so, wie kein einziges Sandkorn an seinem Platz bleibt, so kann auch seit unvordenklichen Zeiten keine Nation hoffen, in Frieden die Früchte ihrer Mühen zu genießen. Und so brach über das Niltal, kaum daß es sich von den Folgen der revolutionären Wirren erholt hatte, eine neue, noch schrecklichere Katastrophe herein: die Invasion durch die Reiterscharen der Hyksos. Hinter den Hyksos jagten weitere Horden entwurzelter Stämme her, die sich von den wilden Hochebenen Kleinasiens, den südrussischen Steppen und den Schotterwüsten Mesopotamiens ergossen.

Trotz der Fremdherrschaft jedoch verlor der Ägypter niemals das Vertrauen zur Bestimmung seiner Heimat. Die heiligen Feuer brannten weiter, und als sich die

XVIII. Dynastie von Theben (1552–1306 v. Chr.) auf einen trotzigen, verworrenen und schwierigen Kampf einließ, um die Asiaten aus dem Niltal zu vertreiben, konnte sie auf ein entschlossenes, mutiges, begeisterungsfähiges Volk zählen. Thutmosis III. war ein glücklicher Eroberer. Die Tontafeln von Tell el-Amarna erzählen von seinen Triumphen; sein Reich dehnte sich von den libyschen Oasen bis zu den Wüsten Syriens aus. Seine Schreiber sind Babylonier, die die östlichen Sprachen beherrschen. Es ist dies die schönste Periode in der Geschichte Ägyptens. Die Zivilisation hat ihren Höhepunkt erreicht, die politische Hegemonie erstreckt sich über den ganzen Vorderen Orient. Theben aber, dem die Vertreibung der Asiaten zu danken ist, wird zur wohlhabendsten und volkreichsten Metropole der Welt. Überall in der Stadt des Amun erheben sich Obeliskenpaare vor den kolossalen Pylonen der Heiligtümer, die zu gewissen Zeiten zu Grabstätten werden. Die berühmte Königin Hatschepsut, die als einzige Frau über das alte Ägypten regiert hat – ihre fesselnde Geschichte bleibt noch zu schreiben –, erläutert einer Nachwelt, die ihren Namen in den Schmutz ziehen wird, daß sie Hunderte von Sonnenobelisken in Theben errichten läßt, weil »Theben der göttliche Hügel ist, auf dem sich am Anfang der Welt Gott niedergelassen hat, um Himmel und Erde zu scheiden«. Schiffe mit kunstvoll verziertem Schnabel durchfurchen den Nil; Tausende von kauernden, widderköpfigen Sphingen bewachen den Dromos (Eingangsweg) zu den Tempeln, und die monumentalen Pharaonenbildnisse von zwanzig Meter Höhe und fünfhundert Tonnen Gewicht stehen in den Innenhöfen der Heiligtümer einsam Wache. Hier muß auf die Regentschaft des Pharao Echnaton (ca. 1350 v. Chr.) hingewiesen werden, der dem mächtigen thebanischen Klerus seine »atonische Reform« aufzuzwingen wußte, d. h. den Kult eines einzigen, universellen Gottes. Zwanzig Jahre lang ließ Echnaton die Götter des Ursprungs auf Tempel und Grabstätten meißeln. Die Seele dieses in metaphysischen Gedankenflügen bewanderten Pharao verzehrte ein inneres Feuer, so wie ein unerbittliches syphilitisches Leiden seinen Leib zerrüttete. Mit gleicher Heftigkeit litt und träumte er. Er erschaute eine neue, geläuterte Menschheit, die nur einen einzigen Gott, einen universellen, gütigen Gott anbetete, einen Gott, dessen Strahlen liebkosende Hände waren. Es war ihm ernst, diesem leidenschaftlichen Mystiker, diesem kränkelnden Einzelgänger, der Ägypten dem Einfluß der für die königliche Macht verderblichen steinreichen Amunspriester entreißen wollte, die im Grunde nichts weiter waren als schlichte Funktionäre im Dienst unzähliger Götter und alles andere als erleuchteten Geistes oder reinen Herzens. Er wollte, daß überall nur der Name des Aton mit Inbrunst ausgesprochen werde; denn Aton war der Gott der Wärme und des Lichtes, der sein Licht und seine Wärme Körper und Geist mitteilte. Er verkündete, daß allein Aton zugleich endgültige Gestalt und prägende Form des Universums sei. Er verließ das von Götzenbildern und allmächtigen Priestern verseuchte Theben und gründete an der Stelle des heutigen Tell el-Amarna eine neue Hauptstadt, von der nur mehr die erstaunlichen Malereien der Amarna-Kunst übrig sind, die man heute in einem der Säle des Kairoer Museums bewundern kann. Sie künden von der ursprünglichen Frische einer neuen Kunst, die nicht mehr hieratisch, sondern familiär ist. Die Herrschaft dieses so herben, fanatischen Pharao – den »von Gott trunkenen König« hat ihn Daniel-Rops mit einem schönen Wort genannt – mutet uns wie ein bestrickend-entrücktes, unbegreifliches Märchen an. Sein Nachfolger wurde sein Schwiegersohn Tut-ench-Amun. Dieser schwor noch am Tag seiner Doppelkrönung dem Gott seiner Kindheit, Aton, ab. Er verlegte den Hof und die Verwaltung wieder nach Theben und erließ jenes berühmte Dekret, durch das in ganz Ägypten der Kult des Amun und der thebanischen Dreiheit wiederhergestellt und die unter Echnaton verfolgten und ausgeplünderten Priester wieder in ihre Rechte und Privilegien eingesetzt wurden. Tut-ench-Amun starb sehr jung, und man munkelte selbst in den Heiligtümern Thebens, daß er ermordet worden sei. Die Grabstätte für den Nachfolger des Reformators wurde jedenfalls bewußt unauffindbar im Tal der Könige angelegt – wie man zugeben muß, allerdings deshalb, weil das Grab außerhalb der in der thebanischen Nekropole offiziell für die Pharaonen vorgesehenen Stelle ausgehoben worden war. Tatsächlich war die Grabstätte gut versteckt. Sie hat sich fast 3500 Jahre lang den kundigsten Eingeweihten entzogen, die mit der Topographie der Totenstädte genausogut vertraut waren wie die Plünderer und Schänder der Königsgräber. Nur durch einen puren Zufall wurde das Grab 1923 von Lord Carnarvon entdeckt. Das Aufsehen, das diese sensationelle Entdeckung erregt hat, ist bekannt.

So vergingen die Jahrhunderte

Unter den Ramessiden (1306–1186 v. Chr.) ist Ägypten immer noch eine mächtige, hochgeachtete Nation mit großem kulturellen und politischen Gewicht. Ramses II. und seine unmittelbaren Nachfolger errichteten Bauwerke, von denen noch die Trümmer kolossal sind: den Hypostylensaal im Großen Amuntempel von Karnak, in dem allein 30.000 Tonnen behauenen Steins verbaut wurden; den Grabtempel für Sethos I. in Gurna mit seinen Hunderten von Büschelsäulen; den Osiris, Isis und Horus geweihten Tempel von Abydos mit seinen sieben Parallelheiligtümern, deren wunderbare, bemalte Skulpturen uns wie am ersten Tag vom täglichen Zeremoniell des osirischen Sonnenkultes künden; das aus dem libyschen Felsgestein herausgehauene Heiligtum von Abu Simbel; und das Ramesseum, wo sich die Statue Ramses' II. aus rosa Granit erhebt, »die großartigste aller ägyptischen Statuen« (Herodot), aber auch die schwerste, mit ihren 1200 Tonnen.

Dieses Fabeltier mit zwei Paar Menschenbeinen, einem Schlangenleib mit Menschenkopf, am Schwanzende ein schnuppernder Schakalskopf, ist nach der Beischrift unter dem Hals der »Tod, der große Gott, der Götter und Menschen gemacht hat«. Unter dem Schlangenleib befindet sich die untergegangene (gestorbene) Sonne, zwischen den Geierflügeln die werdende Sonne. Aus dem Papyrus der Chenut-ta-wi, British Museum, London

Doch dieses plötzliche Schaffensfieber der ramessidischen Baumeister, diese Hast, mit der die letzten großen Pharaonen der XIX. Dynastie Monumente aufführen lassen, deren eines gigantischer ist als das andere, dieser eigenartige Aufschwung bei jenen, die ihren Untergang vorausahnen und gleichsam einen letzten, flammenden Blitz durch die Jahrhunderte schleudern wollen; dieses zu einer einzigen, unermeßlichen und betriebsamen Baustelle gewordene Ägypten ist nur mehr der Schwanengesang des ewigen Ägypten. Denn die Zeiten des Ruhms sind dahin, und es naht die Zeit des Verfalls. Eindringlinge überfallen das Land. Der Feind erscheint unter vielen Namen, aber das Übel ist immer dasselbe. Untergangsvisionen lösen einander ab; überall auf diesem Boden, der so lange die Seele der menschlichen Zivilisation war, vernimmt man nun jenes furchtbare Geräusch, das sich forterben wird bis zum Ende der Tage: das Geräusch zusammenstürzender Tempel und zerschlagener Götterbildnisse. Von überall her kommen die feindlichen Völker. Die strahlenden Städte entlang dem Nil gehen in Flammen auf. Sie werden dein Opfer, Moloch der Heere, die verwüsteten Städte, in denen nun die wollüstigen Helden der Assursöhne hausen, die libyschen Lehnsherren aus unergründlichen Dschungeln, die Äthiopier (die aus dem thebanischen Amun eine Gottheit Äthiopiens machen, »des Ursprungslandes der Menschheit«), die Niniviten des Assurbanipal, die 663 v. Chr. vor dem hunderttorigen Theben erscheinen, vierzig Tage, nachdem sie Memphis geplündert haben ... Hier endet die Geschichte des alten Ägypten.

Im »Goldenen Saal« seines mit Sternen auf blauem Grund übersäten Grabpalastes liegt der Pharao Tut-ench-Amun und schaut aus der Tiefe seines Granitsarges die Götter der Totenwelt, die ihm für eine Jahrmillionen währende Existenz die Pforten des Himmels öffnen werden.

KAPITEL 1

Das Universum gebiert sich aus sich selbst,
und das Göttliche ist in allem

Alle Dinge sind aufgezeichnet im Totenbuch ... In den ganz alten Zeiten, noch ehe die glattpolierte Pyramide des Cheops oder die noch ältere Stufenpyramide des Djoser entstanden, wußten die in die Schöpfungsmysterien eingeweihten Ägypter, daß die Sonne jeden Morgen aus dem Bauch der Himmelsgöttin Nut hervorging und jeden Abend in ihren Mund zurückkehrte, sobald der letzte Glanz der untergehenden Sonne die Erde verklärte und die Grenzen des Reichs der Lebenden maß. Die Toten aber, in jener anderen Welt, die sich unter unseren Füßen befindet, konnten die Metamorphosen der Sonne im Lauf ihrer nächtlichen Reise durch die zwölf Regionen der Duat verfolgen. Sie, denen der Lebensatem wiedergeschenkt war, konnten sich am Anblick der vorübergleitenden Sonnenbarke en mit ihren anbetenden Pavianen, den Zauberrudern und der skarabäusgestaltigen Sonne, d. h. am Anblick des Chepre, »des (von selber) Entstandenen«.

Bevor wir aber in die Totenwelt der alten Bewohner des Niltales eindringen und einige Seiten im Buch der Lehren aufblättern, müssen wir uns mit einigen jener Götter vertraut machen, die auf die Verstorbenen warten, wenn sich vor diesen die Pforten jenes fremdartigen Kosmos auftun, der der Schauplatz ihres ewigen Lebens sein wird*.

* Über die einzelnen Götter vgl. M. Lurker: *Götter und Symbole der alten Ägypter* (München 1974).

Dem rational geschulten, in Kategorien denkenden Abendländer fällt auf, daß die ägyptischen Gottheiten keine festumrissenen Gestalten sind. So kann sich eine kosmische Erscheinung unter verschiedenen Namen und in verschiedenen Formen manifestieren. Die Sonne zum Beispiel erscheint als Re, Horus, Aton (in der Amarnazeit Alleingott), Chepre, Atum, Osiris; in Menschengestalt, mit Falken- oder Widderkopf, als Skarabäus, Löwe oder Ichneumon, ja sogar als Lotosblume. Dazu kommt, daß eine Gottheit sich in ihrem Wesen einer anderen so stark annähern kann, daß sie mit ihr eins wird oder als ihre Erscheinungsform, ihr Bild, ihr Ba, ihre Seele gilt. So verbindet sich Re mit Harachte (Horus als Morgensonne) und übernimmt von ihm zu seiner menschlichen Gestalt den Falkenkopf. Als mit dem Mittleren Reich Amun an die Spitze des Pantheons trat, konnte Re doch nicht verdrängt werden und lebte in der Fusion Amon-Re weiter. Der heilige Vogel Phönix galt als Ba des Re, aber auch als Erscheinungsform des Osiris, der wiederum »Seele des Re« genannt wurde. Eine Gottheit konnte im Verlaufe ihrer Geschichte der Verehrung die verschiedensten Funktionen übernehmen, vom präkosmischen Urgott zum Schöpfer aufsteigen, Herr der von ihr erschaffenen Erde sein, aber auch Himmels- und Sonnengott werden und – da letzterer die Unterwelt durchwandern muß – auch Herrscher der Totenwelt. Bei tieferem Eindringen in die altägyptische Religion zeigt sich, daß diese verwirrende Vielfalt der göttlichen Erscheinungen in Wirklichkeit nur Kristallisationspunkte einiger weniger religiöser Urerfahrungen sind, die um Leben, Tod und (Hoffnung auf) Wiedergeburt kreisen.

Ptah

Ptah hat alles Seiende erschaffen, jenes Land, »das hervorgegangen ist aus den Urgewässern«. Dank Ptah wurden am Anfang der Welt göttliche Worte ausgesprochen und traten die Götter ins Dasein. Denn Ptah ist »das Herz und die Zunge«, und diese sind nach memphitischer Theologie die Organe der Schöpfung. In der Hand hielt er bereits das Szepter, das die Millionen von Lebensjahren – Jubeljahren – versinnbildlichte, die, kaum daß sich aus dem ursprünglichen Chaos Wasser und Erde gebildet hatten, den künftigen Toten verheißen waren.

In der Frühzeit wurde Ptah in Gestalt eines Pfahles mit Männerkopf dargestellt, später wurde diese ungegliederte Figur zu einer Mumie umgestaltet mit einer Lederkappe (?) auf dem Haupt. Der Hauptkultort des Gottes war Memphis; dort stand er in so hohem Ansehen, daß er Symbole und Namen des Sonnengottes annehmen konnte oder – einem Allgott gleich – noch über diesen erhoben wurde. Er führt Re am Leibe der Nut (Himmel) und geleitet ihn »auf geheimen Wegen« (durch die Unterwelt). Er ist »Oberster der Duat«, die er als Nachtsonne durchzieht. Deshalb kann er auch den Toten Erquickung bringen – eine Vorstellung, die ihn mit der Gestalt des Osiris zusammenfließen läßt. Ptah, der »Bildner der Erde«, erschuf die Dinge nicht nur mit seinem Verstand (Herz) und Befehl (Zunge), sondern – vor allem im Glauben der einfachen Ägypter – auch in der Art eines Handwerkers oder Künstlers. Aus seinen Händen gehen die Tempel und ihre Pläne hervor. Seine Teilnahme an dem Ritual der Mundöffnung steht in einem Zusammenhang mit seiner Eigenschaft als Bildner (Bildhauer), der nach ägyptischem Sprachgebrauch ja derjenige ist, »der belebt«.

◄
Anubis, der »Führer der Wege« für die Toten, wacht über die auf dem Totenlager ausgestreckte Mumie.

◄
Anubis, durch einen Caniden versinnbildlicht, sitzt auf einem Pylon, der eine der Pforten zur Unteren Welt ist. Er bewacht die Region des anubischen Lichts, dessen die Seele als erstes ansichtig wird, wenn die Riten der Augenöffnung vorüber sind. – *Papyrus Ani*, Kapitel 151 des *Totenbuchs*

▶

Von oben nach unten: zwei Gottheiten, deren Kopf mit der Maat-Feder geschmückt ist. Dies ist die Feder der Wahrheit, die das Licht symbolisiert, das von Re ausstrahlt. Seine Tochter ist Maat. Darunter Ani, der Verstorbene, vor dem Totengott Osiris. Die dritte Szene stellt die Wägung der Seele des Ani durch Anubis vor dem Krokodil dar, dem »Verschlinger der Seelen«, die sich nicht rechtfertigen konnten und als Unrat im Bauch des Krokodils verschwinden. Darunter sitzt der Götterschreiber Thot auf einem der Pylonen der zwölf Regionen vor der Maat-Feder. – Kapitel 125 des *Totenbuchs, Papyrus Ani*

Anubis, die Hauptperson im Göttertribunal, das die Seelen richtet, hat jedem einzelnen Tag der Weltschöpfung seinen Platz bestimmt, und zwar so, daß jeder Platz bis zum Ende der Zeiten in dieser und der anderen Welt fixiert ist. Anubis ist ein Beschützer der Toten und ihrer Seelen. Sein Schutz »besteht darin, daß er den Seelen hilft und sie reinigt«*.

Man nennt ihn auch den »Zurechtrücker der Glieder«, den »Öffner der unteren Pforten«. Er ist es, der vor dem Verstorbenen hergeht und ihn an der Hand vor Osiris führt, auf daß die Riten der Seelenwägung (Psychostasie) vorgenommen würden. Er ist verantwortlich für die Bewegungen, die Räume, die Formen, die Zahlen, die Planeten. Er ist auch der Hüter der magischen Texte, der Beschirmer des Mondes, den Ungeheuer einmal im Monat zu verschlingen drohen, aber wieder ausspeien, sobald Thot zwischen den Gestirnen erscheint. Er ist der von den andern Göttern geliebte Schreiber, denn er schreibt auf den Blättern des heiligen Baumes von Heliopolis die Namen der Pharaonen nieder, die noch nicht geboren sind und einst im hunderttorigen Theben herrschen werden. Im Gegensatz zum sethischen Licht, »das ein Licht der Finsternis ist«, d. h. des von der Erde in den Weltraum geworfenen Schattenkegels, mit dem die ganze Seele geschwängert wird, bevor sie im Sonnenlicht zergeht, im Gegensatz also zu diesem Zodiakallicht, das die Seelen unmittelbar nach dem Verlassen des Körpers durchschritten, ist das anubische Licht helleuchtend und den Seelen derjenigen günstig, die nach dem Erscheinen vor Osiris »gerechtfertigt« wurden. Es ist eine »Treppe des Lichts«. Das anubische

* S. Mayassis: *Le Livre des Morts de l'ancienne Égypte est un Livre d'Initiation* (Athen 1955).

Licht gebar den ersten Schein der Schöpfung, bevor es zur Sonne der Schöpfung wurde. In seinem Glanz erstrahlte das Welten-Ei. Für den Toten ist es das, was das Licht der Morgenröte für den Lebenden ist: das Licht, das es ihm gestattet, »an den Tag hervorzugehen«. »Das anubische Licht«, heißt es bei S. Mayassis weiter, »ist der Eingang einer anderen Welt oder der Ausgang zur Welt der Seelen.«

Osiris

Auch Osiris ist ein Beschützer der Toten*. Er ist das Symbol all dessen, was geboren wird, und so hat er zu Recht seinen Platz neben den Toten, die ja ein zweites Mal geboren werden müssen, bevor sie auf ewig an den Ufern der himmlischen Flüsse, die die Galaxien umströmen, dahinschweifen dürfen und in eine Zeit eintreten, die kein Gedächtnis mehr kennt, inmitten leuchtender Geister, die vielleicht Ursprung und »Werden« dessen sind, was wir Universum nennen. Bis zu jenem Zeitpunkt, wo die Welt nur mehr eine tote Welt, eine abgestorbene Zelle im unkenntlichen Leib des Raumes sein wird, gebiert Osiris sich neu. In jedem Weizenkorn, das durch den Erdboden dringt, in jedem noch so elementaren Stückchen Leben, in jedem Blick, der den Toten während des Ritus ihrer »Öffnung des Herzens und des Gesichtes« gilt, in jedem Schweißtropfen, der zur Zeit der Nilüberschwemmung von seinen Zehen und Händen rinnt, pflanzt Osiris sich fort. Osiris ist die universelle Lebenstätigkeit, sie sei irdisch oder kosmisch. In der sichtbaren Form eines Gottes steigt er hinab in die

* E. Otto/M. Hirmer: *Osiris und Amun. Kult und heilige Stätten* (München 1966).

Die Auferstehung des Pharaos Sethos I.

Diese Darstellung kann als eines der schönsten Beispiele altägyptischer Grabkunst gelten. Isis, rechts, und Horus, links, warten auf den Beginn der Auferstehung Sethos' I. In der Nacht von Abydos wird der Pharao die Ewigkeit erlangen . . . Er wird erwachen, wie einst Osiris erwachte, »aber keineswegs unter dem Aspekt eines Geist-Phantoms, sondern durch eine völlige Auferstehung des Körpers; denn die Götter haben die Gliedmaßen des Osiris zugerüstet, den Kopf auf sein Skelett gefügt und das Herz in seinen Brustkorb zurückgelegt« (Erman).

Welt der Toten, um ihnen die Wiedergeburt und endlich die Auferstehung in die osirische Herrlichkeit zu versprechen, denn jeder gerechtfertigte Tote ist ein Lebenskeim in den Abgründen des Kosmos, genauso wie das Weizenkorn ein Lebenskeim im Schoß der Erde ist.

In Abydos, dessen berühmte Nekropole das Grab des Osiris birgt, des »Herrn der westlichen Länder«, gibt es ein außergewöhnliches Basrelief (siehe S. 28f.), das eine Auferstehungsszene schildert. Der Bildhauer hat hier auf bewunderungswürdige Weise ausgedrückt, was im »Totenbuch« gesagt wird. Wir wohnen der Auferstehung des Pharao Sethos I. bei. Der König liegt ausgestreckt auf seinem Grab. Isis steht rechts von ihm, Horus links. Die geiergestaltige Göttin Mut, Symbol der Götter, das über dem Haupt der Pharaonen schwebt, hat die Flügel zusammengelegt und sieht dem König unverwandt ins Gesicht. . . Denn in der Nacht von Abydos wird der Pharao die Ewigkeit erlangen. Er wird, wie einst Osiris, erwachen, »aber keineswegs«, so schreibt A. Erman, »in der Gestalt eines Geistphantoms, sondern kraft einer vollkommenen Auferstehung seines Körpers. Denn die Götter haben auch die Glieder des Osiris zurechtgerückt, ihm wieder den Kopf auf das Knochengerüst gesetzt und das Herz in seinen Brustkorb gepflanzt.« So wird es auch für den Toten sein, der – wie der Pharao, der Sohn des Re – in Osiris wiedergeboren wird. Und wie es geschrieben steht in den Pyramidentexten und wie wir es auf dem Basrelief von der Auferstehung Sethos' I. sehen, werden Isis und Horus den Toten segnen und zu ihm sprechen: »Erhebe dich und erwache!« Und die Toten werden die Erde verlassen, *aber nicht wie Tote, sondern als Lebende werden sie von ihr scheiden.* Diese toten Pharaonen werden sich Osiris nahen und sich der Worte des Priesters erinnern, die sie so oft gehört haben: »Osiris, ich steige zu dir empor ... und meine Läuterung liegt auf meinen Händen. Ich bin vor die Göttin Tefnut getreten, und die Göttin Tefnut hat mich geläutert ... Ich bin ein Priester und Sohn eines Priesters in diesem Tempel ...« Sie werden sich der Worte erinnern, die sie so viele Male vernommen haben: »Die Fessel ist gelöst, der Riegel ist zurückgeschoben, um durch diese Pforte zu treten. Alles Böse, das auf mir lastet, habe ich von mir geworfen.« Alle werden sie sich Osiris nahen. Auf ihren Gesichtern liegt Leben und Kraft, ihre Nasenflügel wittern die Frische des Nordwinds. Sie sehen den Weizen auf dem himmlischen Jaru-Feld wachsen. Die Lebenden aber, die sie vor den Pforten der Nacht zurückgelassen haben, kommen und legen die Opfergaben zu beiden Seiten der geheiligten Geister nieder und besprengen sie mit reinigendem Wasser. Sie alle, einer nach dem anderen, werden wieder lebendig werden und in Ewwigkeit Osiris schauen, dessen Herz nicht mehr schlägt. Wenn sie wollen und wenn sie gerechtfertigt sind, können sie sich in der heiligen Barke niedersetzen, die jede Nacht die zwölf Regionen der Unterwelt befährt. Sie sehen, während sie ihre Eingeweide vor dem leuchtenden Körper tragen, die göttliche Katze, die den heiligen Baum von Heliopolis gespalten hat, sie sehen Chepre, den Skarabäus und die obersten Hierarchien der Götter und rufen aus: *»O mächtiger Osiris! Ich wurde geboren! Siehe, soeben bin ich geboren worden!«*

Seth

In früherer Zeit galt Seth als oberägyptischer Partner des unterägyptischen Königsgottes Horus. Am Bug des

Sonnenschiffes stehend, bekämpft er mit Speer oder Pfeil die Apophisschlange. Auf verschiedenen Darstellungen wird das Sonnenschiff statt der üblichen Schakale von Seth-Tieren gezogen. Noch Ramses II., der baufreudige Pharao, ließ auf den Pylon eines Tempels schreiben, daß er, der Besieger so vieler Völker, »ein Freund des Seth« sei.

Mit dem Überhandnehmen der Osirisverehrung trat eine Verfemung des Seth ein. Jetzt galt er nur noch als »der rote Gott«, Herr der Wüste und Widersacher des

Das Seth-Tier

Vegetationsgottes Osiris. Er wird zur Symbolfigur der Finsternis, des Lebenbedrohenden, Bösen*. Ihm zugehörige Tiere sind Esel, Antilope, Nilpferd, Krokodil und vor allem das zoologisch nicht genau bestimmbare Tier mit dem pfeilähnlichen Schwanz und den eckig abgeschnittenen Ohren. In Gestalt eines Schweines soll Seth jeden Monat den Mond verschlingen (Phase des Dunkelmondes), weil sich die Seele des von ihm heimtückisch ermordeten Osiris dorthin geflüchtet habe. Horus, der Gott des Lichtes, wird zum Rächer seines Vaters. Er reißt dem schrecklichen Gegner die Hoden ab und beraubt ihn damit seiner Kraft und Aktivität. »Aus diesem Grund«, so erläutert Plutarch, »errichteten die Ägypter in Koptos eine Horusstatue, die den Gott mit dem männlichen Glied des Seth in der Hand darstellt. Dieser letztere, dessen Gestalt man nicht ohne Schau-

* E. Hornung: »Seth – Geschichte und Bedeutung eines ägyptischen Gottes«. In: *Symbolon*, N. F. 2/1974.

Osiris, hier »Ptah-Sokaris-Osiris« genannt, ist auf seinem »Thron-Altar« (Schrein) sitzend dargestellt. Hinter ihm nebeneinander die großen Göttinen Isis und Nephthys. Vor Osiris ein kultisches Pantherfell (Imiut), aus dem das Blut in ein Gefäß träufelt. Rechts, untereinander stehend: die Göttinnen des Nordens und des Südens in anbetender Haltung vor Osiris. – *Papyrus Anhai*

Musizierende Mädchen mit Flöte, Laute und Harfe; auf ihrem Haupte tragen sie einen Salbkegel aus duftendem Harz (= Symbol der Reinigung). Musikantinnen standen im Dienst der Göttin Hathor und hatten nicht nur die Aufgabe der Unterhaltung, sondern auch – gerade im Dienste des Toten – der Abwehr böser Mächte. Grab des Nacht, der unter Amenophis II. Amunpriester war.

dern beschwört, wird häufig bei feierlichen Verfluchungen angerufen.«

Der Konflikt zwischen Osiris/Horus und Seth spiegelt den ewigen Kampf wider zwischen Gut und Böse, zwischen Licht und Finsternis, der sich seit Anbeginn der Welt abspielt, hier verebbt, dort aufflackert. Es ist der seit undenklichen Zeiten alles Dasein und Sosein bestimmende Dualismus, der aus der Nacht vergangener wie künftiger Zeiten die mitunter unreine Flamme von Göttern emporschlagen läßt, die Menschen erschaffen – von den Mächten Seths dem Tod ausgeliefert, durch die Auferstehung des Osiris aber in Hoffnung auf ein neues Leben.

Horus

Unter zwanzig verschiedenen Formen ist Horus einer der größten Götter des ägyptischen Pantheons. Es ist der falkenköpfige Horus, den man im Louvre betrachten kann, wie er vor dem Pharao die bewundernswerte Geste der Reinigung vollzieht. Auch in Edfu, dessen Allerheiligstes von den vierzehn Geschossen der Pylonentürme geschützt wird, kann man den falkenköpfigen, grausamen Horus erblicken, den Horus-Behedti, auch Öffner der Körper genannt, den großen Hüter des Brautgemachs mit den sich paarenden Göttern oder Monstren, dessen Symbol – die Sonnenscheibe mit den Sperberflügeln – über Jahrtausende hinweg in den meisten Tempeln Ägyptens verehrt wurde. Aber wie grausam erscheint er doch, dieser schreckliche Horus von Edfu mit dem starren, seelenergründenden Blick, wie bedrohlich im vergoldeten Licht des Tempelhofes, wie hieratisch vor den Pforten eines Universums, das nur die Toten kennen.

Der Leichenzug ist vor dem Grabe angekommen. Kleine Vignette oben: rechts der *kher-heb*-Priester, der die Mumie läutert, ihr den Atem und das Augenlicht zurückgibt, die Pharaonen einweiht und die Zauberformeln des *Totenbuchs* spricht. Hinter ihm zwei Angehörige des Verstorbenen, eine Gruppe von sechs Klageweibern mit aufgelöstem Haar sowie ein Diener, der ein Grabgerät trägt. Die große Szene rechts zeigt die letzten Riten vor der Grablegung. Vor der Grabstele, deren Hieroglyphentext eine »Anrufung des Osiris« ist (s. S. 36), wird die Mumie von Anubis aufrechtgehalten, »umarmt«, während die Gattin und die Tochter des Toten um ihn klagen.

Hinter ihnen stehen drei Priester und präsentieren das Libationsgefäß, den Weihrauch, die Salben, das Dächsel und die Gabel aus Flintstein – die Instrumente zur Öffnung des Mundes und der Augen. Auf der unteren Reihe eilen zwei Diener mit einem Salbengefäß und dem Fuß eines Ochsen herbei, der zu Ehren des Verstorbenen geschlachtet wurde. Auf dem Tisch rechts Libationsgefäße und Salbenbehälter, die Instrumente *meshket*, *pesh-en-kef*, *ur-kekau* und *seb-ur*, Gefäße zur Reinigung sowie das Leopardenfell, in das sich der *kher-heb*-Priester bei den Läuterungs- und Wiedergeburtsriten für die Mumie hüllt. – *Papyrus Hunefer*

Anrufung des Osiris

Möge Osiris, der Beherrscher der Amenti, der Herr der Ewigkeit, der alle Ewigkeit umfaßt, der Meister der Götterversammlung; und möge Anubis, der in der Stadt der Einbalsamierung wohnt, der Meister des göttlichen Hauses, dem Doppel des Osiris-Hunefer die Macht verleihen, die unterirdische Welt zu betreten und zu verlassen, dem Gott Osiris bei allen seinen Neujahrsfeiern zu folgen, die Opfergaben der Honigkuchen zu empfangen und in die Gegenwart des Gottes vorzudringen! (Übersetzung nach E. A. Wallis Budge)

Von links nach rechts: der Totengott Osiris mit den Insignien seiner Macht. Der Verstorbene kniet vor einem Tisch mit Opfergaben, die dem Phönix Benu dargebracht wurden. Benu ist der »Osiris von Heliopolis«, Symbol der Auferstehung, der Transformationen der Seele, »Hüter des Buches über die Dinge, die sind, und die Dinge, die sein werden«. – Kapitel 17 des *Totenbuchs. Papyrus Hunefer*

Die Wände und Decken der Grabkammern waren mit Malereien ▶ geschmückt, die in untadelig erhaltenem Zustand auf uns gekommen sind. In dem Saal, in dem er ruhte, fand der Tote die schlichten, vertrauten Szenen vom Leben an den Nilufern wieder. Theben, Grab des Nacht. Regierungszeit von Tuthmosis IV. (?), (um 1425–1408 v. Chr.)

In den Pyramidentexten findet sich der Bericht von dem furchtbaren Kampf zwischen Seth und Horus, bei welchem Seth von Horus entmannt wurde, während dieser dabei ein Auge verlor. Dieser Horus, der das Böse verfolgt und es verstümmelt, wird ganz besonders von den Toten verehrt, denn dieser Horus im Licht ist es, der ihnen »das Auge geöffnet« hat. So werden die Toten »durch ihn sehen« und in der Ewigkeit ihre Schritte mit derselben Leichtigkeit lenken können, mit der sie als Lebende an den Ufern des Nils entlangschritten. »Isis, nachdem sie Osiris in Horus zum Leben erweckt hat«, schreibt S. Mayassis in dem bereits erwähnten Werk, »hat ihn zum Himmel geleitet, vor das Antlitz der Götter und zu neuen Gestalten ... Es scheint, daß die alten Ägypter jede Gestalt als *Kind* bezeichneten, die sich aus einer vorhergegangenen Gestalt herausentwickelt hat und aus ihr *geworden* ist. Ein Jüngling ist das Kind seiner selbst, *er ist der Sohn seiner Kindheit* (und der Erwachsene ist der Sohn des Jünglings, ebenso wie der Greis der Sohn des Erwachsenen ist). Auch hat er, durch den Sieg über die vorhergegangene Gestalt, neuartige Qualitäten erworben. Horus ist eine neuartige Gestalt des Lebens von Osiris ... Die Entwicklung und Auffahrt der Seele, ihre Transformation durch die Reinigung besteht darin, daß sie ein Kind ihrer eigenen Gestalt, ihrer vorhergegangenen Natur wird ...« Der Samen, der aus dem toten Osiris hervorgeht und Isis befruchtet, ist ein Horus-Sothis, ein Licht-Horus: »Isis, deine Schwester, kommt zu dir, beglückt über deine Liebe; du lässest sie sitzen auf deinem Phallus, und dein Samen dringet in sie ein.« (Pyramidentexte 632, 1635–1636). Der Samen aber, der aus dem Leichnam des toten Osiris dringt, ist ein »gewappneter Horus«, durchdringend wie Sothis, d. h. das sothische Licht, das von dem Leichnam ausgeht, und das auch das Licht der Milchstraße ist, der ersten Stufe jener Treppe des Lichts, die es dem Toten erlauben wird, gleichzeitig mit den Millionen Jahren seiner künftigen Existenz das letzte und ewige Licht zu erlangen, das vom kosmischen Welten-Ei ausstrahlende, blitzende Licht der Sonne.

»Heil dir, Auge des Horus, des Weißen, des Großen,
der du mit deiner Schönheit erfreust die Neunheit der Götter,
wenn es sich am östlichen Himmel erhebt«
(Nach der Übersetzung von Jean Capart)

Horus, das ist auch und vor allem Harmachis, der »horizontische Horus«, der berühmte Sphinx von Gizeh, der schon viele Male in den Sandmassen begraben war und dank der Mühe des Menschen wieder auferstanden ist. Das Gesicht zur Levante gewendet, heißt er mit Recht »Horus im Horizont«, – kolossal in seiner Unbeweglichkeit und morgendlichen Pracht. Es ist Horus-Chephren, der die unermeßliche, unverletzte Totenstadt rings um die Pyramiden bewacht. Es ist Horus-Harmachis, der jenen Punkt am Horizont ins Auge faßt, wo im Licht sein himmlischer Doppelgänger, die Sonne, erscheinen muß, rot im rötlichen Sand, wie jede Geburt rot ist. Dieser Sphinx von Gizeh, das ist Horus in der unendlichen Milde seines zerstörten Gesichts . . . Es ist Horus, der am Horizont zwei Millionen Sonnen seit über fünftausend Jahren hat aufgehen sehen. Es ist Horus, die Seele des Re, der sich verstümmelt hat, damit aus seinen Blutstropfen Götter würden. Es ist, in der Scheingestalt des Pharao-Gottes, der göttliche Besitzer aller Schöpfungsmächte. Man nennt ihn kalt und unzugänglich, ihn, der den Atlas überlebt und gesehen hat, wie ein Pharao den Lauf des Nils verkehrte und Moses eine undankbare Heimat verließ; der das Lärmen von

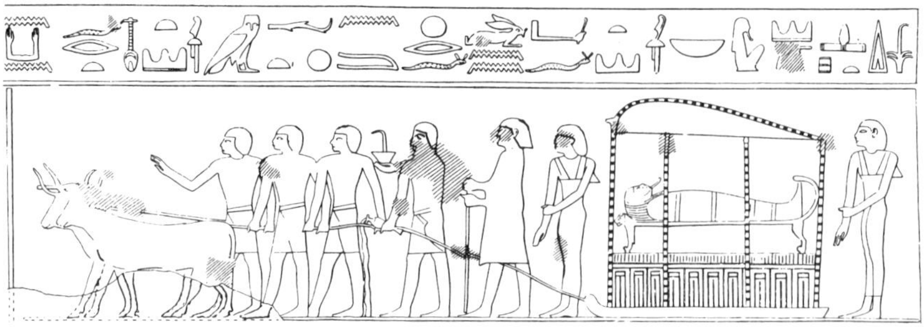

Der Tote wird zu seinem Grabpalast geleitet.

Sumer und Akkad und die Entsetzensschreie so vieler Völker gehört hat, die in den Flammen Ninives und Urs, Babylons und Jerusalems umkamen, bevor Assurbanipal, der grausame Ninivit, nach Ägypten zog und es bis nach Theben hinein verwüstete. Bis zum Ende der Zeiten, in welch verstümmelter Gestalt auch immer, ja selbst wenn ihn die Lebenden unter der Sandwüste nicht mehr wahrnehmen, die sie vielleicht zu Glas gemacht haben, wird er stets gegenwärtig sein, in jeder Nacht Ägyptens, in jedem Morgenrot, wird er stets der lebendige Horus sein und – solange die Erde die Wärme der Sonne empfängt – über die sich überlagernden Totenstädte wachen, die im Lande der Toten liegen.

Im kleinen Chons-Tempel zu Karnak, nahe dem Allerheiligsten, gibt es eine bemerkenswerte Reihe von Basreliefs. Man sieht dort Horus, gekrönt von der Sonne und der Schlange – dem Symbol der beiden Leben der Götter – und hinter ihm den Sphinx, der vor den Pyramiden, diesen Kolossal-Grabmälern, Wache hält. Ramses IV. opfert der Göttin Amaunet, dem weiblichen Gegenstück zu Amun, »dem Verborgenen«, eine Statuette; die Göttin aber richtet ein Henkelkreuz (Anch-Zeichen) zwischen die Augen des Pharao. Dieses Henkelkreuz ist das Symbol der unvergänglichen Lebens-

kraft, in der Ägyptologie spricht man von der Lebensschleife*. Über ihre ursprüngliche Bedeutung wurde schon viel gerätselt und manch unhaltbare Hypothese aufgestellt. So wollte man in ihr die Vereinigung des Männlichen (Vertikale) mit dem Weiblichen (Kreis) erkennen oder ein Bild der Seele (Kreis), die den Zustand des Todes (Kreuz = Kreuzigung) überwindet. Tatsächlich betrachtete der Ägypter die Lebensschleife als Eigentum der Götter, als Symbol göttlichen Lebens, das unter bestimmten Umständen auch den Menschen, besonders dem (göttlichen) König, übertragen werden kann. Dem steht nicht entgegen, daß das Zeichen für Leben *(anch)* in gewissen esoterischen Lehren, die es ja zu allen Zeiten gab, auch als Symbol der Mysterienweisheit aufgefaßt wurde, zumal man in dieser eine Art Schlüssel für den Eingang in das Jenseits (mit einem Weiterleben nach dem Tode) zu besitzen hoffte.

Wir sagten, die Göttin richte das äußere Ende dieses Henkelkreuzes zwischen die Augen des Pharao. Diese magische Geste hat eine ganz bestimmte Bedeutung. Paul Brunton hat sie in seinem Buch *L'Égypte secrète* treffend umrissen: »Der Punkt zwischen den Augenbrauen bezeichnet die Lage der Zirbeldrüse, jener Drüse also, deren komplizierte Funktionen noch nicht vollständig aufgehellt sind. In den ersten Graden der Einweihung rief der Hierophant eine gewisse Aktivität die-

* Dazu H. Bonnet: *Reallexikon der ägyptischen Religionsgeschichte* (Berlin 1952), S. 418-420.

ser Drüse hervor, um den Kandidaten Seelenbilder und geistliche Erscheinungen sehen zu lassen. Der Erfolg dieser Methode beruhte zum Teil auf mesmerischen Wirkungen, zum Teil auf einem bestimmten, sehr kräftigen Räucherwerk.« Wenn also die Göttin dem Pharao das Kreuz zwischen die Augen hält, gibt sie ihm zu verstehen, daß er eine hellseherische Vision der wahrhaften Mysterien haben wird, daß es ihm aber verboten ist, über das zu sprechen, was er im Verlauf der verschiedenen Stadien seiner Einweihung hören und erfahren wird. Aus diesem Grunde steht Horus hinter ihm, »Horus im Horizont«, der Hüter der Geheimnisse, der ihm mit einem Finger auf den Lippen zu schweigen bedeutet. Auch der Sphinx ist gegenwärtig, weil er es ist, der den Zugang zum gewaltigsten Einweihungstempel bewacht: zur Großen Pyramide. Und aus diesem Grund drückten auch die Gesichter der in die Mauern des Chons-Tempels in Karnak gemeißelten Personen für den Eingeweihten einen ganz konkreten Sinn aus. Wer immer den Schlüssel zu jenen esoterischen Mysterien besaß, deren Symbol eben ein Henkelkreuz war, vermochte die Pforten der Totenwelt zu öffnen und den verborgenen Sinn des ewigen Lebens zu erfassen.

Die Einweihungsstätten

Die geheimen Einweihungsriten vollzogen sich in kahlen, düsteren Krypten, in wirklichen Gräbern, wo die Kandidaten von den Priestern in den Schlaf hypnotisiert, dem Licht entrissen, in geheimen Abgründen der Finsternis begraben und von den Lebenden abgesondert wurden. Manchmal kamen sie tot – tot an Leib und an Seele – wieder hervor. Wer aber die Prüfungen der symbolischen Trennung von Körper und Geist überstanden hatte, den durchdrang allmählich eine übernatürliche Wärme, und wenn er aus den Abgründen wiederkehrte, wo er sich dem befreienden, erhebenden und läuternden Tod so nahe gesehen und die Weihen des Mysteriums empfangen hatte, dann *wußte er, wie es niemand sonst wissen konnte,* daß das Licht von unten, daß die Beschwörung der zwölf Stunden der Nacht, daß die in den Schächten der Mastabas flatternde Vogelseele, daß die lange Wache in der geheimsten Kammer des Heiligtums ihm einen flüchtigen Blick auf die schrecklichen Mysterien der Auferstehung erlaubt hatten. Wenn die Stunde kam, würde er imstande sein, aus einem Zustand des Seins zu verschwinden und in einem anderen wieder zu erscheinen. Er würde imstande sein, seine verstreuten Glieder zusammenzufügen, so wie die verstreuten Glieder des von seinem Bruder getöteten Osiris zusammengefügt wurden. *Er wußte, wie es niemand sonst wissen konnte,* was das Schweben der Seele an einem magischen Faden bedeutete, wenn er in den Mumienbinden ausgestreckt dalag. Er wußte, daß das, was sich wie ein Zerspringen des Körpers unter den magnetischen Berührungen durch die ranghöheren Priester anfühlte, möglicherweise das Fleisch vernichten konnte, auf keinen Fall aber die Lichtseele, die ihm schon vor seiner Geburt innewohnte.

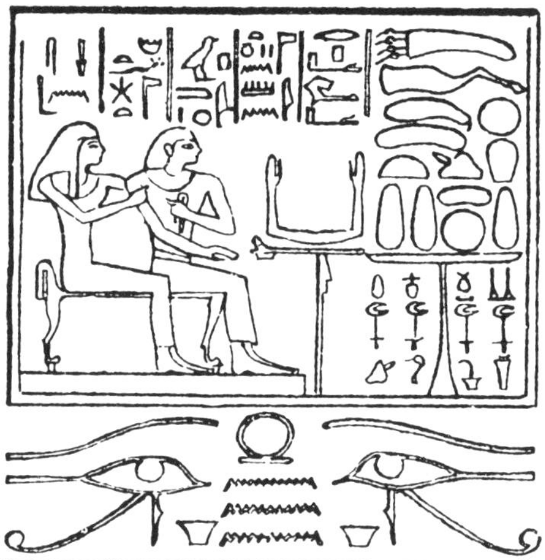

Die Versorgung der Toten (auf obigem Bild ein Ehepaar) mit Speisen (im rechteckigen Bildausschnitt rechts) sollte der Erhaltung der Lebenskraft (Symbol des *ka*-Zeichens vor dem Ehepaar) dienen. Die beiden Uzat-Augen im Fries darunter haben apotropäische Bedeutung. Unter dieser Darstellung, vom Hieroglyphentext eingerahmt, war gewöhnlich die sogenannte »Scheintür« – die Verbindungsstelle zur Welt der Lebenden.

KAPITEL 2

Vom Geheimnis des Jenseits

Das Volk des Niltals, dessen allmächtige Priesterkaste ihre Ausbildung in den recht zahlreichen Einweihungsstätten empfing, zeichnet sich vor anderen Völkern des Altertums nicht allein durch die außergewöhnlichste Zivilisation aus, die die Welt je gesehen hat, sondern auch durch die Sorge, mit der man die Toten umgab. Das gesellschaftliche, politische und religiöse Leben dieses Volkes wird von ganz präzisen Vorschriften beherrscht und ist ausgerichtet auf das andere Leben, das jeden Menschen nach seiner zweiten Geburt an der Schwelle der Pforten des Todes erwartet. Die alten Ägypter waren zutiefst fasziniert vom Geheimnis des Jenseits. Das ganze Weltall stellten sie sich, wie Kolpaktchy berichtet, als »einen grandiosen, kosmischen Sarkophag« vor*. Osiris, so glaubten sie, nahm darin die Mitte ein, während das ägyptische Land die Projektion eines Teiles des himmlischen Alls auf die Erde war. Ihre Einweihungspriester hatten sie gelehrt, daß sie nach ihrem Tod an den kosmischen Rhythmen und Schwingungen teilhaben würden und daß das Phänomen des physischen Todes nur einen Aspekt der Transformation des Bewußtseins – jenes Unbekannten und Unsichtbaren in uns – in einen vollkommeneren Zustand darstelle, den jeder Mensch im Augenblick seiner Neugeburt im Grabe erleben werde. Für den Eingeweihten, der in der

* G. Kolpaktchy: *Ägyptisches Totenbuch* (Weilheim 1970), S. 14.

Isis, die Horus gebar, Isis, die »göttliche Mutter«, ist die Weltseele, und jeder Tote »ist das Blut, das aus Isis hervorgeht« (*Pyramidentexte*). Sie deckt die Toten mit ihren Flügeln und erweckt sie zum Leben. Durch die Läuterung wird jede lebendig gewordene Seele im Schoß der Isis verjüngt. Isis wird mit einem Phallus in Form eines Messers dargestellt, weil sie »die Manneskraft besitzt«. – Detail vom Sarkophag Ramses' III., XX. Dynastie. Rosa Granit. Louvre

Die Seele des Verstorbenen wird häufig im *Totenbuch* dargestellt. ▶
Sie schwebt, auf dieser Vignette vom Papyrus Amenemsaf aus dem

Louvre, über dem Toten. In Gestalt eines Vogels mit Menschenkopf »schwingt sie sich empor wie ein Falke und schnattert wie die Gans des Geb«. Erinnern wir uns, daß die Seele der Pharaonen in Gestalt einer Gans dargestellt wurde, weil die Gans »die aus dem Ur-Ei hervorgegangene Sonne« ist. Jede Vogelseele schwingt sich zum himmlischen Nil, zu den »Gefilden der Seligen« empor, wo sie »fern von Zerstörung« sein und so lange weilen wird, wie die neue Läuterung andauert (*Pyramidentexte*). Danach wird sie zu einer neuen Seele, vergöttlicht und lichtbegabt wie die Seele von Re, zu einer »Seelen-Zweiheit« durch die im Re-Licht sich vollziehende Verbindung mit Re.

Welt der Toten viel besser Bescheid zu wissen gelernt hatte als in der Welt der Lebenden, wurde das Jenseits, mit dem er sich unaufhörlich befaßte, zum eigentlichen Ideal einer als scheinhaft durchschauten Existenz. Er wußte sich im geeigneten Augenblick das Wohlwollen der Götter zu verschaffen und ihnen im Zustand der Reinheit sein Leben auf Erden zu opfern, das letztlich etwas recht Kleines war angesichts der Millionen Jahre seiner Ewigkeit. Magische Formeln für jeden nur denkbaren Fall halfen ihm, seine posthume Entwicklung zu überwachen und sich gegen den Zauber niederer Geister zu schützen, von denen es rund um die Mastabas nur so wimmelte. Im Augenblick der schrecklichen »Seelenwägung« vor der durch das Spiel der Waage erregten Großen Verschlingerin wird er Rede und Antwort stehen, ohne sich den rächenden Göttern zu verraten. Nein, für ihn, den die Priester geduldig unterwiesen und mit den Mysterien vertraut gemacht haben, war der Tod kein Ende, sondern ein Beginn. In Zeit und Raum vermischt sich das Sichtbare mit dem Unsichtbaren. Von hier läßt sich vielleicht verstehen, warum der Tote, wenn er im Totenbuch von sich selbst spricht, zugleich der Greis und der Neugeborene ist, das Unerschaffene und das Werden, der dunkle Drang pflanzlicher Säfte oder das ferne kosmische Strahlen aus den Tiefen der Milchstraße . . . Ja, nach seinem Tod und der Auferstehung wird er, wie Osiris, in Ewigkeit immer wieder geboren werden, im ungeheueren und zyklischen Walten der Wirkkräfte und Gestalten des Lebens.

Die zweite Geburt des Menschen

Die Ewigkeit ist unwandelbar und eins, und die ewige Bewegung der Sterngebilde garantiert ihren Fortbestand. Alles, was die Ewigkeit enthält, alles, was ist, war und werden muß, geht aus Schwingung hervor, und alles ist in sich selber doppelt. Der Tod ist nichts anderes als ein Zustand der Krise, während welchem der, »der einen Namen trägt«, weder tot noch lebendig ist und während welchem das *Ka,* d. h. das, was in ihm bereits ewig war, bevor er überhaupt geboren wurde, den scheinhaften fleischlichen Leib verläßt. Dies alles geschieht nach Mayassis, »bevor die Auferstehung in das Jenseits durch das Begräbnisritual gesegnet«, bevor die Fäulnis aufgehalten und die Öffnung des Mundes und der Augen vollzogen wurde, die es dem Verstorbenen erlaubte, Atem und Sehvermögen im primordialen Nun wiederzufinden. In ihm bilden sich die ewigen Bewegungen der Geburt und des Todes und gleichen sich gegeneinander aus, genauso, wie in der Materie eine ungeheure Bewegung der Atome hin- und herwogt, der Atome, die selber Universa an der Schwelle zum unendlich Kleinen sind. Zwar wandelt und zerstört die Zeit, die im Verhältnis zur Ewigkeit nicht meßbar ist, sehr rasch das physische Aussehen und das Gehaben des Menschen, aber seine Seele läßt sie unangetastet. Die Zeit altert nicht*. Der Wert eines Bruchteils der Zeit – die alten Ägypter hätten gesagt: ihre Schwingung – kann sich nach Sekunden bemessen oder nach deren Äquivalent, d. h. nach Jahrmillionen.

Zeit und Tod sind lediglich behelfsmäßige Alternativen, verabredete Zeichen, die das Spiel der Gedanken erleichtern. Für die antiken Bewohner des glücklichen Niltals hatte der Tod nichts Erschreckendes oder Spekulatives: Er markierte einen Haltepunkt in einer normalen Entwicklung ohne Anfang und ohne Ende und

* Zu Zeit und Ewigkeit vgl. J. Assmann: *Zeit und Ewigkeit bei den alten Ägyptern* (Heidelberg 1975).

Die Verstorbenen, Ani und seine Frau, rufen Thot an, der ihnen das Henkelkreuz reicht, das Symbol des ewigen Lebens, von dem lebenspendende Ströme ausgehen. *Text:* »O Thot! Sag mir, was ist aus ihnen geworden, den Göttern, die ehmals von der Göttin Nut geboren? . . . ›Viel Böses haben sie angestiftet: Kämpfe gezeitigt, Unsegen erweckt . . .‹ – Laß wieder gelten, o Thot, Tums alte Beschlüsse, damit das Böse verliert die frühere Kraft; und die Gegner des Guten ihren Angriff einstellen . . .« – Kapitel 175 des *Totenbuchs*, übers. G. Kolpaktchy. *Papyrus Ani*, Brit. Museum

kündigte eine echte Geburt an, in der der Verstorbene zum ewigen Leben geboren und in den Zustand versetzt wurde, sich von seinen Leidenschaften, dem »Unrat« in seinem Herzen zu reinigen. So wird er auf die Taufe vorbereitet, *denn der Tote muß getauft werden* in der Milch der Gans, bevor er vor die Götter hintritt. Ja, um in jener anderen Welt zu erscheinen, in der er den Göttern gleich sein wird, muß der Tote – der nach Formen, die wir noch untersuchen werden, gerechtfertigt worden ist – gereinigt werden, auf daß seine Seele erglänze, nachdem alles Unreine von ihr abgewaschen ist. Für die Eingeweihten, denen es offenbart worden war, daß der Sonnengott »seinen Samen zu seinem Körper fügte, um in seinem geheimen Wesen sein Ei zu erschaffen« *(Hymnos an Amun,* Übersetzung nach Gardiner), war die Geburt auf Erden lediglich die logische Folge des Todes im Jenseits, genauso wie der Tod auf Erden nur das natürliche Zeichen für die Geburt ins Jenseits war. Dies sind Vorstellungen, wie sie Heraklit recht treffend formuliert hat: »Unsterbliche: Sterbliche, Sterbliche: Unsterbliche, denn das Leben dieser ist der Tod jener und das Leben jener der Tod dieser.« (Diels: *Vorsokratiker,* Herakleitos, Nr. 62.) Man versteht auch, warum es für den Ägypter ganz natürlich war, des irdischen Körpers sich zu entledigen und sich in eine Lichtgestalt zu kleiden: um sich in den ewigen Räumen ebenso leicht zu bewegen, als ob er sich auf der an den Nil grenzenden Erde befände; um jede beliebige Form anzunehmen; um für sein Teil dem Unendlichen gleich zu sein; um in der Gestalt eines Lichtgeistes das Staunen der Zeiten zu sein, die kein Gedächtnis haben. Gewiß, solche Glaubensartikel vermögen uns zu befremden und zu beunruhigen, weil wir uns nicht vorstellen können, wie dieses endliche Einswerden des Menschen mit dem

Weltall vonstatten gehen soll, und weil es uns nicht gelingt, uns von der Gegenwart des aus unserem geheimsten Wesen ausstrahlenden *Ka* gefangennehmen zu lassen. Es ist ein unserer Natur völlig fremdes Element, das Symbol unseres ewigen Selbst, das – wie gesagt – jeder Mensch schon vor seiner Geburt zur Verwahrung empfängt. Denn sein Name ist der Ewigkeit gleichsam eingeschrieben, lange bevor noch seine Mutter ihn zum erstenmal ausspricht. Wenn wir Heutigen zögern, uns auf solche abstrakten Wege zu begeben, weil sie sich auf nichts Substantielles zu beziehen scheinen, dann kann man ebensogut verstehen, daß wir in unserem Inneren nichts kennen, was unsichtbar ist und sich fortentwikkelt oder zugrunde geht, ohne daß sich der Gang dieser Entwicklung oder Zerstörung unserem Verstand oder Gefühl »ein-prägt«. Unser unsichtbares Sein existiert trotzdem. Dieses Sein ist es, dessen Wesen unzerstörbar und unvergänglich ist. Dieses unsichtbare Sein, dieses Doppelbild unserer selbst ist es, das die Ägypter zum Leben erwecken, für jeden Toten aller vergangenen und aller künftigen Zeiten *ein* Sein, solange die Ewigkeit währt ... Und alle Toten werden wiederauferstehen, so wie jeden Morgen aufs neue die Sonne aufersteht, »Trägerin und Spenderin unendlicher Lebenskraft«.

Die Toten »kehren wieder mit dem Wind«
(Papyrus von Turin)

Fassen wir zusammen. Für die alten Ägypter gab es keinen Tod. Jeder Mensch konnte versichert sein, auf der anderen Seite der Erde eine neue Existenz vorzufinden, die der hienieden bekannten hinreichend ähnlich war, und er konnte sich der verheißenen Ewigkeit erfreuen, ohne daß er im mindesten seine materiellen

Der Einschnitt in die Mumie, der man die Eingeweide entnommen hatte, wurde mit einer Platte aus Wachs oder Metall wieder zugedeckt. Die abgebildete Platte ist aus Gold und deckte die Wunde einer Königin der XXI. Dynastie. Durch um den Leib gebundene Schnüre wurde die Platte festgehalten. In der Mitte das Uzat-Auge, Quell magischer Flüssigkeit, das reinigende Licht-Auge, das in gleicher Weise am Ende der Ruder der Re-Barke dargestellt ist. Dieses Uzat-Auge ist ein heiliges Symbol, das sich bei den alten Ägyptern offensichtlich besonderer Gunst erfreute, denn man entdeckte Tausende dieser Augen in den Gräbern. Zu beiden Seiten des Uzat-Auges sehen wir die vier Todesdämonen oder Horussöhne, die dem Verstorbenen seinen »Sternennamen«, seinen »Namen des Unvergänglichen« nennen. »Es stehen zwei auf der einen und zwei auf der anderen Seite des Osiris-Toten« (*Pyramidentexte*). Die Horussöhne sind auch die Hüter der vier Kanopengefäße, die die Leber, das Gehirn und die Gedärme des Toten enthalten, in denen sich der Lebenskeim verbirgt. Sie stehen aufrecht, aber nicht auf einer erblühten Lotosblume wie im Saal des Seelengerichts vor Osiris: rechts Hapi mit dem Affenkopf und Imset mit dem Menschenkopf; links Duamutef mit dem Hundekopf (oder Schakalskopf) und Kebechsenef mit dem Falkenkopf.

Reichtümer hätte aufgeben müssen, wenn er ein Gerechtfertigter inmitten der Planeten geworden war. Von daher wird klar, daß die Sorge der Untertanen des Pharao für ihre Toten keineswegs so selbstlos war, wie wir vermuten möchten. Vielmehr ist es so, daß die so leicht vergeßlichen und beeinflußbaren Lebenden sich vor der Wiederkehr der Toten und vor deren Zorn fürchten, falls jene mit der materiellen oder geistlichen Versorgung unzufrieden sind, auf die sie Anspruch haben. Die Verwandten und Freunde des Toten wissen, daß dieser einfordern wird, was ihm zusteht, und daß er, falls er übel gesonnen ist, in das Haus der Lebenden zurückkehren und sie quälen kann – trotz der Amulette, die die Händler in Theben verkaufen, trotz der magischen Litaneien der Priester oder der Botschaften an die Toten, die von eigens hierauf spezialisierten Schreibern angefertigt werden. Der *Turiner Papyrus* gibt Kunde von der Boshaftigkeit der Toten, die »mit dem Wind wiederkehren«. Er berichtet von finsteren Geschäften zwischen den Toten und ihren nächsten Angehörigen. Witwen und Waisen flehen ihren verblichenen Gatten oder Vater an, ihnen nichts Böses zu wollen und das Elend nicht noch zu verschlimmern, in dem er sie zurückgelassen hat. Erman erwähnt den Fall eines Staatsbeamten in Memphis, dessen Frau verstarb, während er in einer dienstlichen Angelegenheit unterwegs war, »obwohl er sie der Obhut eines Arztes anvertraut hatte«. Der Mann wurde von so heftiger Trauer ergriffen, »daß er drei Jahre lang nicht mehr fröhlich sein konnte«, und litt so stark darunter, seinen Frohsinn für so lange Zeit eingebüßt zu haben, daß er die Verstorbene beschuldigte, ihn am Fröhlichsein zu hindern. So schrieb er ihr die folgende Mitteilung, die sich im Grab seiner Frau gefunden hat: »An den erhabenen Geist

Anch-iri. Welches Übel habe ich dir zugefügt, daß ich so elend geworden bin, wie ich bin? Warum drückst du mich nieder, mich, der ich stets dein getreuer Gatte bin? Von dem Tage an, da ich dich nahm, als ich noch ein Jüngling war, habe ich dir mein Brot, meine Kleider, meine Spezereien geschenkt. Niemals habe ich dich mißachtet, noch habe ich das Haus einer anderen Frau betreten. Da du tot bist, habe ich mit den Meinen geweint und dich in Gewänder von feinem Leinen kleiden lassen. Seit den drei Jahren aber, die du in der Welt der Duat bist, quälst du mich und hinderst mich, meinen Frohsinn von ehedem wiederzufinden. Was habe ich dir denn getan, daß ich so geworden bin, wie ich bin? Muß ich erst eine Klage bei Gericht gegen dich anstrengen, damit du mein Herz wieder Freude finden läßt?« Gewiß, derartige Erwägungen passen vielleicht nicht ganz zu dem, was man den Adepten der Einweihungsriten beibrachte. Aber die Sicherung primitiver materieller Interessen, und sei es nur der Wunsch, in Ruhe gelassen zu werden, hat noch niemanden daran gehindert, sich um das Schicksal seiner Seele zu sorgen.

Fünfhundertundvierzig Todesgötter im Grab Thutmosis' III.

Die alten Ägypter beschworen die Mysterien des Todes ohne die geringste Beunruhigung, und doch waren die monströs gestalteten Götter, die vor den Pforten der Duat auf sie warteten, erschreckend. Sie wußten, daß das Leben in eine grauenerregende Welt mündet, aus deren Tiefen sich die Auferstehung vollzieht und über die – wie man es am Grab Thutmosis' III. sehen kann – fünfhundertundvierzig sorgfältig aufgezählte Götter und Dämonen regieren. »Denk' an den Tag, da du ausgestreckt in deinem Grabe liegen wirst«, heißt es auf einem 4000 Jahre alten Papyrus. »Ein Abend ist dir geweiht, so wie das Zedernöl und die von der Göttin gewebten Bändchen. Die schönen Klageweiber werden am Tag deiner Beisetzung vor deinem Leichenzug hergehen und sich mit dem feinen Sand aus dem Tal des Westens bestreuen. Deine Mumie wird vergoldet sein, und der Himmel deiner Grabkammer wird über dir sein, wenn du auf dem von Stieren gezogenen Totenwagen fährst. Vor der Pforte deines Grabes wird man die heiligen Tänze tanzen, und die Priester werden Worte sprechen, die dein Herz erfreuen.«

Die Welt der thebanischen Nekropolen

Die Ägypter haben sich unter ihrer Erde eine wahrhaft fremdartige Welt gedacht, bevölkert von Gottheiten, deren Aussehen mehr Furcht einflößt als ihre Gegenwart oder ihre Macht, und von bösartigen Dämonen, die das Böse in seinen ewigen Gestalten versinnbildlichen. Es genügt, ein einziges Mal die langen Korridore der thebanischen Totenstädte gesehen zu haben, um ein echtes Unbehagen an der Schwelle jener Finsternisse der Duat zu empfinden, die man sich hinter jeder Grabespforte dachte. Ist die Seele der Toten, trotz aller Versprechungen und aller Kunstwerke, nicht ungeheuer verlassen in einer Welt, die ohne Wärme und Erbarmen scheint? Ich bin diese Säle und Korridore in den Grabpalästen im Tal der Könige entlanggeschritten, und als ich aus den Tiefen einer von Göttern und Zeichen erfüllten Nacht wieder hervorkam und unter der unerträglichen Helle des ägyptischen Himmels wie von Sinnen war, vermochte ich mich dennoch vom Zauber der Schatten, deren Ruhe ich zu stören gewagt hatte, nicht zu lösen. Ich konnte nicht vergessen, was ich in der Totenwelt der alten Ägypter wahrgenommen hatte; die seltsamen Visionen von anklagenden Göttern, die mit Talismanen bedeckten Mumien der Pharaonen, die enthaupteten Feinde des Osiris, die in einer auf dem Kopf stehenden Welt umherirrten, die in den Finsternissen sich wandelnden Formen von ungewisser Gestalt. In den Nekropolen von Biban el-Moluk habe ich, als ich die Welt des lebendigen Lichts verließ, begriffen, was es nach so vielen Jahrtausenden des Vergessens und der Gleichgültigkeit noch immer mit dem grauenhaften Schweigen der thebanischen Totenstädte auf sich hatte. Im Verlauf dieses Abstiegs zu den zwölf Regionen der Unterwelt und zu den Paradiesen des Todes, die die siebenhundert Pyramidentexte erläutern, habe ich den markverzehrenden Schrecken aufs neue verspürt. Es ist etwas Fremdartiges, Unerträgliches um die Gestaltenwelt und die Starrheit dieser ewigen Nächte ... Nein, nie werde ich vergessen, wie ich eines Tages eine Pforte öffnete, hinter der sich die monströsen Feinde des Lichts tummelten, und andere Tore, hinter denen ich die Gerechtfertigten der neuen Auferstehungen sah. Ich erblickte Pharaonen, denen Millionen von Jubeljahren verliehen und die von falkenköpfigen Göttern begleitet wurden. Ich sah Skarabäen, die zwischen ihren feinen Beinen ungeheure Sonnen drehten ... Ich habe die »Goldhäuser« betrachtet, deren schönstes und größtes das von Sethos I. ist; es weist eine sternenbesäte Decke auf, astronomische Tafeln und riesige Wandfresken, auf denen, wie in den Bildern eines Geographiebuches, von den Regionen jenseits des Grabes und vom Glanz des Jaru-Feldes erzählt wird, welches von den Erwählten bebaut wird, bis einst Geist und Materie in der Kälte des ewigen Raumes vergehen. Ohne ihre Bedeutung zu

Hier sehen wir auf der oberen Reihe (von links nach rechts, auf dieser und den beiden folgenden Seiten), wie sich der Verstorbene und seine Gemahlin den Sieben Pforten der Arrits nähern, deren jede von drei Gottheiten bewacht wird: dem »Hüter«, dem »Aufseher« und dem »Ankündiger«.

Auf der unteren Reihe (auf dieser Doppelseite und auf der nächsten Seite) kommen Ani und seine Frau zu den Zehn Pylonen des Osiris, die jeweils nur von einer einzigen Gottheit bewacht werden. Vor jedem Pylon muß der Verstorbene, bevor es ihm erlaubt ist, die Schwelle zu überschreiten . . .

... den Namen des göttlichen Pylonenwächters nennen und die entsprechende Litanei hersagen. Danach tun die Zehn Götter der Pylonen des Osiris dem Verstorbenen kund, wie »seine magischen Namen der Ewigkeit« lauten. –
Texte: Kapitel 144 und 145 des *Totenbuchs, Papyrus Ani*

verstehen, habe ich die fünfundsiebzig Gestalten des Re gesehen, und auch die Duat, den heiligen Fluß, auf dessen Wasser Nacht für Nacht die Sonnenbarke dahinzieht, von den beifallspendenden Toten an einem Tau gezogen, das eine Schlange ist. Ich erinnere mich an gewöhnliche Tote, die auferstanden sind und nicht wußten, was sie mit ihrer Ewigkeit anfangen sollten; an Vogelseelen, die nach den magischen Formeln suchten und von den Priestern der anderen Welt mit rituellem Brot und süßem Bier genährt wurden; an mumienförmige Osirisse; an Sternbilder, die in den geheimsten Kreis der Unterwelt gemalt waren; an Verdammte, die ihren »Doppelgänger«, ihr *Ka* verloren hatten, das sie

Mit Messern bewehrte göttliche Wächter vor den Pforten der Duat. – Kapitel 146, *Papyrus Anhai*, Brit. Museum

einst im Bauch ihrer Mutter empfingen; an Göttinnen, die an den vier Ecken der Sarkophage hockten und ihre Flügel gleichsam schützend über die Mumie deckten, die am Boden des Grabes ausgestreckt lag.

Ferner sah ich, wie die Toten, in enge Gewänder gewickelt wie Ptah, in den Mund der Schlange des Tales eingingen und an ihrem Schwanz in Gestalt eines Skarabäus wieder herauskamen. In den bemalten Korridoren, die zu den *Het nub,* den »Goldhäusern«, führen, wagte ich kaum, in die bizarren Gesichter der Göttinnen zu schauen; manche von ihnen hatten den glatten Bauch des Krokodils. Dann wieder glaubte ich zu sehen, wie sich die Schalen jener schrecklichen Waage der Psychostasie in diesen Sälen des Grauens hoben und senkten, als ob mein Atem oder mein Blick unrein gewesen oder als ob die Farbe meiner Haut, die nicht grünlich war wie bei Isis, die die Königin Nofretete zum Grab geleitet, die Haut eines Dämons der Oberwelt gewesen wäre. Ich habe gesehen, wie die Herzen der unglücklichen Verstorbenen ins offene Maul der Großen Verschlingerin stürzten, die auf die Weisungen der rächenden Götter wartet. Rings um mich erblickte ich Anubis mit den Ohren des stinkenden Schakals, den stierköpfigen Mentu, Thot mit dem pfeilspitzen Ibiskopf. Ich sah einen Schauer von Henkelkreuzen auf

Als Mumie wird der Totengott Osiris dargestellt. Eine Grabszene mit Amenophis II., dessen Name in einer Kartusche über dem Kopf des Pharaos erscheint. Osiris hält in seinen Händen den Krummstab (»Heka«), ein Herrschaftssymbol, das von Göttern, Königen und hohen Beamten getragen wurde, das Uas-Zepter, einen am unteren Ende gegabelten und oben in eine Art Tierkopf auslaufenden Stock, der Heil und Glück symbolisierte, und eine Geißel (»Nechech«) als weiteres Herrschaftssymbol. ▶

mich herabregnen und fühlte mich allmählich in die Menge der Richter und der Toten hineingezogen. Nach allen Seiten sah ich sie auseinanderfliehen, die täuschenden Perspektiven der Duat, und ich begann mich zu fragen, ob ich noch lebendig sei – der ich aus einem anderen Zeitalter hierher gekommen war, um die Geheimnisse einer so fernen Vergangenheit zu ergründen und um zu erforschen, was dieser geheimnisvollen Bevölkerung der thebanischen Totenstädte an Wirklichkeit geblieben sein mochte. Ich vermochte mich nicht loszureißen von dem trügerischen Schauspiel dieser Gerichtsszene und der an alle Mauern gemalten Seelenwägung, denn überall wimmelte es von Richtern und von Toten, und ich hörte, wie sich die letzten Schreie der Toten, die endgültigen Rechtfertigungen und der verzweifelte Gesang des »Negativen Bekenntnisses« in einem ungeheuren Lärm emporschwangen.

Die überaus volkstümliche Gestalt der Isis ist auf himmlischer Ebene der Typ der über den Tod (des Osiris) hinaus getreuen Gattin und der aufopfernden Mutter (ihres Sohnes Horus). Fast immer in menschlicher Gestalt trägt sie – gleich der Himmelsgöttin Hathor, mit der sie manchmal eins wird – auf dem Haupt ein Kuhgehörn mit Sonnenscheibe, auf unserem Bild zusätzlich noch die alles Übel abwehrende Uräusschlange. Grab Haremhabs im Tal der Könige

Die berühmte Szene der Wägung der Seele des Toten: Oben der verstorbene Hunefer, der sich vor vierzehn Göttern niederwirft, die im Großen Saal der Psychostasie über ihn zu Gericht sitzen werden. Unten von links nach rechts: Hunefer wird von Anubis vor die schreckenerregende Waage geführt. Nachdem er das Glaubensbekenntnis des Toten angehört hat, legt Anubis das Herz des Verstorbenen (sein Gewissen), auf eine der Waagschalen (links) und prüft, nach welcher Seite das Zünglein an der Waage ausschlägt. In dieser Darstellung neigt sich die Waage auf die richtige Seite, die Waagschale der Wahrheit mit der Feder der Maat (rechts). Die Maat-Feder ist das Gewicht und das Symbol von Wahrheit-Gerechtigkeit. Unter der Waage Amenuit, der dämonische Verschlinger der Seelen, die nicht gerechtfertigt wurden und daher verworfen sind. Rechts: Thot, der Götterschreiber mit dem Ibiskopf, der auf einem Täfelchen das Ergebnis der Rezitation des »Negativen Glaubensbekenntnisses« notiert, denn dies muß schriftlich festgehalten werden, solange die Ewigkeit währt. Wenn es dem Toten gelungen ist, nachzuweisen, daß sein Leben nicht unrein war, wird er von Horus, dem »Rächer seines Vaters«, rechts, zu den göttlichen Hütern der Pylonen geführt. Diese werden sich freuen, Anubis sagen zu hören, daß ein neuer Gerechter in den Glanz des Osiris geboren werden wird, da in seinem Herzen kein Unrat war. Text: »Die Litaneien des Hunefer vor seinen Richtern in der Unteren Welt, der Spruch des Thot und das Selbstgespräch des Horus«. Kapitel 30 des *Totenbuchs. Papyrus Hunefer*

KAPITEL 3

Der Tod ist das erste Mysterium

»Vielleicht hat die Erfahrung des Todes den Menschen veranlaßt, zum erstenmal den Gedanken des Übernatürlichen zu fassen und eine Hoffnung über das Sichtbare hinaus zu heben. Der Tod war das erste Mysterium. Er hat den Menschen auf die Spur weiterer Mysterien gebracht. Er hat sein Denken vom Sichtbaren zum Unsichtbaren erhoben, vom Vergänglichen zum Ewigen, vom Menschlichen zum Göttlichen.«
Fustel de Coulanges: *La Cité Antique*

Das *Totenbuch* besteht aus einer Sammlung in den Sarg mitgegebener oder in die Mumienbinden eingewickelter Totensprüche, deren Anzahl und Inhalt allerdings nicht einheitlich festgelegt war. Die Handschriften sind zum Teil mit sehr schönen bildlichen Darstellungen (Vignetten) versehen. Die alten Ägypter selbst betrachteten ihre Totenliteratur – wie auch das übrige religiöse Schrifttum – als Werk der Götter, besonders galt Thot, der Gott der Schreiber und Herr der Gottesworte, als Verfasser. – Die Bezeichnung *Totenbuch* für die Zusammenstellung der meist auf Papyrus aufgeschriebenen Totensprüche des Neuen Reiches und der Spätzeit stammt von dem deutschen Ägyptologen Richard Lepsius, der 1842 ein Exemplar des Turiner Museums veröffentlichte und auch die Einteilung in (sogenannte) Kapitel einführte. Sein Schweizer Schüler Edouard Henri Naville faßte dann 1886 alle bis dahin bekanntgewordenen Totensprüche, nämlich 1844, in einem grundlegenden Werk zusammen. Weitere Gelehrte, die sich um Übersetzung und inhaltliche Aufhellung des Totenbuches bemüht haben, sind vor allem E. A. W. Budge, Peter Le Page Renouf, Hermann Grapow, Ch. Maystre und neuerdings T. G. Allen.

Der Tote und seine Seele in Vogelgestalt

Vignette aus dem Papyrus der Dame Herub, XXI. Dynastie. Von rechts nach links: die Verstorbene in Gebetshaltung; ein Pavian, das halbgöttliche Wesen, das den Aufgang der Sonne begrüßt; das Uzat-Auge und der doppelte Löwe, der die beiden in Re vereinigten Kräfte symbolisiert: das Licht und den Samen. Er trägt das kosmische Welten-Ei, um das sich eine Schlange ringelt. Darin befindet sich ein jünglingshafter Gott.

Magische Zeichen, die das Auge des Horus darstellen

Die Griechen, die in die Heiligtümer des alten Ägypten eingeweiht gewesen sind, haben uns nichts von dem offenbart, was sie im größten Geheimnis wahrgenommen haben. In einer in Athen erschienenen, ausgezeichneten Schrift mit dem Titel *Le Livre des Morts de l'ancienne Egypte est un Livre d'Initiation* (»Das altägyptische Totenbuch ist ein Buch der Einweihung«) zählt S. Mayassis jene Griechen auf, die in den berühmtesten Tempeln des Niltales ihre Einweihung empfangen haben: Danach soll schon der sagenhafte Orpheus die Osiris-Mysterien gekannt haben. Er empfing im göttlichen Memphis den »Mantel des Lichts«, während, wie P. Foucart schreibt, »die Formeln des *Totenbuches* für die Orphiker das Substrat ihrer tiefsten Mysterien abgaben«. *(Recherches sur la nature et l'origine des Mystères d'Eleusis.)* Gewisse Autoren des Altertums nahmen an, daß der Dichter der *Ilias* in Ägypten gelebt habe, andere, daß er im hunderttorigen Theben zur Welt gekommen sei. Denken wir ferner an Thales, der »die Pyramiden vermessen hat, indem er das Verhältnis ihres Schattens zum Schatten des menschlichen Körpers berechnete; an Solon, der nach Saïs gereist ist; an Pythagoras, den der Pharao Amasis den Priestern in Memphis empfohlen hat«. Wie wir bei Diogenes Laertios lesen, hatte »Pythagoras Zutritt zum Adyton – dem Allerheiligsten der Tempel – und ist von den Priestern eingeweiht worden. Er hat unaussprechliche Dinge über die Götter und über die Unsterblichkeit der Seele erkannt, und unter dem Siegel der Verschwiegenheit hat er die Schöpfung der Welt erfahren.« Und Iamblichos schreibt in seiner Vita des Pythagoras (nach der Übersetzung von S. Mayassis): »Pythagoras hat in Ägypten mit großem Eifer die Tempel besucht, bewundert und geliebt von den Priestern, mit denen er Umgang hatte, in allen Dingen mit

Hingabe unterwiesen, für jede mündliche Belehrung empfänglich ... Dergestalt, daß er zu allen Priestern gereist ist und aus der Weisheit eines jeden Nutzen zog und sich belehrte. Er verweilte zwanzig Jahre in den Adytonen Ägyptens und ließ sich in alle heiligen Zeremonien der Götter einweihen, bis zu dem Tag, wo ihn die Soldaten des Kambyses gefangennahmen.« Von den vielen anderen griechischen Philosophen, die die beiden Reiche der Pharaonen bereisten und ebenfalls Zutritt zu Zeremonien hatten, denen nur die Eingeweihten beiwohnen durften, erwähnen wir noch Demokrit von Abdera und Platon, der dreizehn Jahre unter ägyptischen Priestern gelebt hat*. Denken wir schließlich auch an Plutarch, den Hohenpriester des Apollon, der – wie E. Guimet schreibt – in die Mysterien des Dionysos und des Osiris eingeweiht war; an Plotin, der die Hieroglyphen übersetzen konnte und auch ihren verborgenen Sinn kannte; und an Iamblichos, der, wie E. de Rougé bemerkt, »uns überliefert, daß der ägyptische Priester sich in seinem Gebet in Göttlichkeit kleidete und den Charakter eines Gottes annahm. Durch die Einweihung wissend geworden, bediente er sich der heiligen Worte, in denen die Geheimnisse der göttlichen Attribute beschlossen lagen. Daher die ständige Anrufung des *Osiris ...« (Rituel funéraire).*

Das Totenbuch ist ein Buch der Gebete

Um der Seele des Verstorbenen bzw. seinem »Doppelgänger« während der Reise ins Unbekannte beizustehen, legt der Offiziant neben der Mumie einen Einweihungs-Papyrus nieder, bevor die letzte Pforte zum

* Zum ganzen Fragenkreis vgl. S. Morenz: *Die Begegnung Europas mit Ägypten* (Berlin 1968).

Grabmal verschlossen wird. Dieser Papyrus heißt abwechselnd *Totenbuch, Buch der Sonnenlitaneien, Buch der verborgenen Wohnung, Buch der Pforten, Buch der Atmungen,* sehr beliebt in Theben, oder *Buch von dem, was in der Duat ist.* Auf diesem Papyrus sind die Gebete aufgezeichnet, die man bei Anbruch der Nacht hersagen muß, wenn Re seine unzähligen Feinde in der Unterwelt besiegt. Ferner enthält er magische und erlösende Formeln. Das erste »Totenbuch«, das wir kennen, ist der in die Pyramidenwände eingehauene Text, der nicht weniger als 453 Kapitel umfaßt. Erst viel später, im 7. Jahrhundert v. Chr., wurde dieser Text unter Pharao Psammetich in 165 Kapiteln kodifiziert. Das beste Exemplar dieser Textbearbeitung ist ein 20 Meter langer Papyrus, der heute im Ägyptologischen Museum von Turin aufbewahrt wird und zum erstenmal von Lepsius veröffentlicht wurde. Richard Lepsius übersetzte auch eine große Zahl der »Sargtexte«, die die Innenwände der Särge schmückten. »Diese Schriften«, bemerkt Jean Capart von der Brüsseler Fondation Égyptologique Reine-Elizabeth, »sind nicht auf einen Wurf entstanden. Es sind theologische Werke, in denen versucht wurde, Lehren miteinander in Einklang zu bringen, die aus verschiedenen Teilen Ägyptens und aus unterschiedlichen Priesterschulen kamen, und wahrscheinlich sehr heterogenen Entwicklungsstufen des religiösen Denkens im primitiven Ägypten entsprachen.« Denken wir auch an die Arbeiten von G. Maspéro, der in seiner Eigenschaft als Direktor der Ausgrabungen und Altertümer Ägyptens Mariette ablöste und dem wir die Öffnung der Pyramide des Unas in Sakkara verdanken. Aus den Geheimkammern dieser Pyramide stammen die ältesten bekannten religiösen Texte Ägyptens und der sensationelle Fund eines königlichen Mumienversteckes im Grabtempel der Königin Hatschepsut in Deir el-Bahari, auf der anderen Nilseite, mit Blick auf das Theben der Lebenden.

Die Litaneien und Rubriken

Das *Totenbuch* besteht aus knapp zweihundert Zaubersprüchen oder, wie die Ägyptologen sagen, »Kapiteln«. Einige davon sind recht lang und sehr alt, andere umfassen nur wenige Zeilen. Die Kenntnis dieser Kapitel erlaubte es dem Verstorbenen, sich in der Unterwelt zurechtzufinden, die er im Verlauf seiner abenteuerlichen Reise in die zwölf Regionen der Duat durchqueren mußte. Sie erlaubte ihm, die ihm günstig gesonnenen Götter und die Hüter der Pylonen und Städte wiederzuerkennen und das Wohlwollen der Götter und Wächter durch Gebete zu erwecken, die z. T. sehr schön sind, wie etwa der *Hymnus an Osiris* (Kapitel CXXVIII). Vor allem erlaubte sie ihm, sich weder von den böswilligen Geistern mißhandeln zu lassen, die ebenso zahlreich wie gefräßig und tückisch sind, noch den Schlangen-Dämonen zu erliegen, die einem den Namen, das Gedächtnis und die Eingeweide wegfressen und ständig im Schatten der Gottheiten der Totenwelt leben. Das Lesen der Litaneien im Totenbuch oblag den rezitierenden Priestern, die im Zustand ritueller Reinheit waren. Für die Dauer der Begräbnifzeremonien der Mumie des Verstorbenen zugewandt, sagten sie die heiligen Texte her. »Diese Lesung stellte eine Art Initiation im Eilverfahren dar, und zwar in jenem höchsten Augenblick, wo die nicht eingeweihte Seele die Erde verließ.«* – Auf einige der Zaubersprüche folgen »Rubriken«, d. h. kurze Hinweise, wie dieses oder jenes Gebet zu rezitieren

* Nach S. Mayassis: *Mystères et Initiations de l'Égypte ancienne* (Athen 1957).

Die tägliche Mahlzeit im Grab. – Grab des Puyemre in Theben

◀ Die Dame Anhai, Priesterin des Gottes Amon-Re in Theben, erscheint in Gesellschaft ihres Doppels vor den Göttern der Duat. Vor ihr steht ein Tisch mit Opfergaben, bestehend aus Lebensmitteln, Wein, Öl und Lotosblumen. Anhai, in ein Gewand aus durchsichtigem Leinen gekleidet, hält in der linken Hand das Sistrum der Hathor, der »Dame von Dendera«. – *Papyrus Anhai*

In der Vierten Stunde, wie sie uns im *Buch der Duat* erläutert wird, ▶ gleitet der Sarkophag mit der Mumie in den Gang Ro-Setau, den »Weg der geheimen Dinge«, der auf unserer Abbildung durch den quergezeichneten weißen Weg dargestellt wird. Beschützer von Ro-Setau ist Sokaris. Der Körper des Gottes Sokaris wird durch zwei Schlangen dargestellt; die eine symbolisiert den »Verborgenen«, das männliche Geschlecht; die andere, mit Menschenkopf, den »Jubelrufenden«, das weibliche Geschlecht. – Theben, Grab Amenophis' II., (um 1450–1425 v. Chr.)

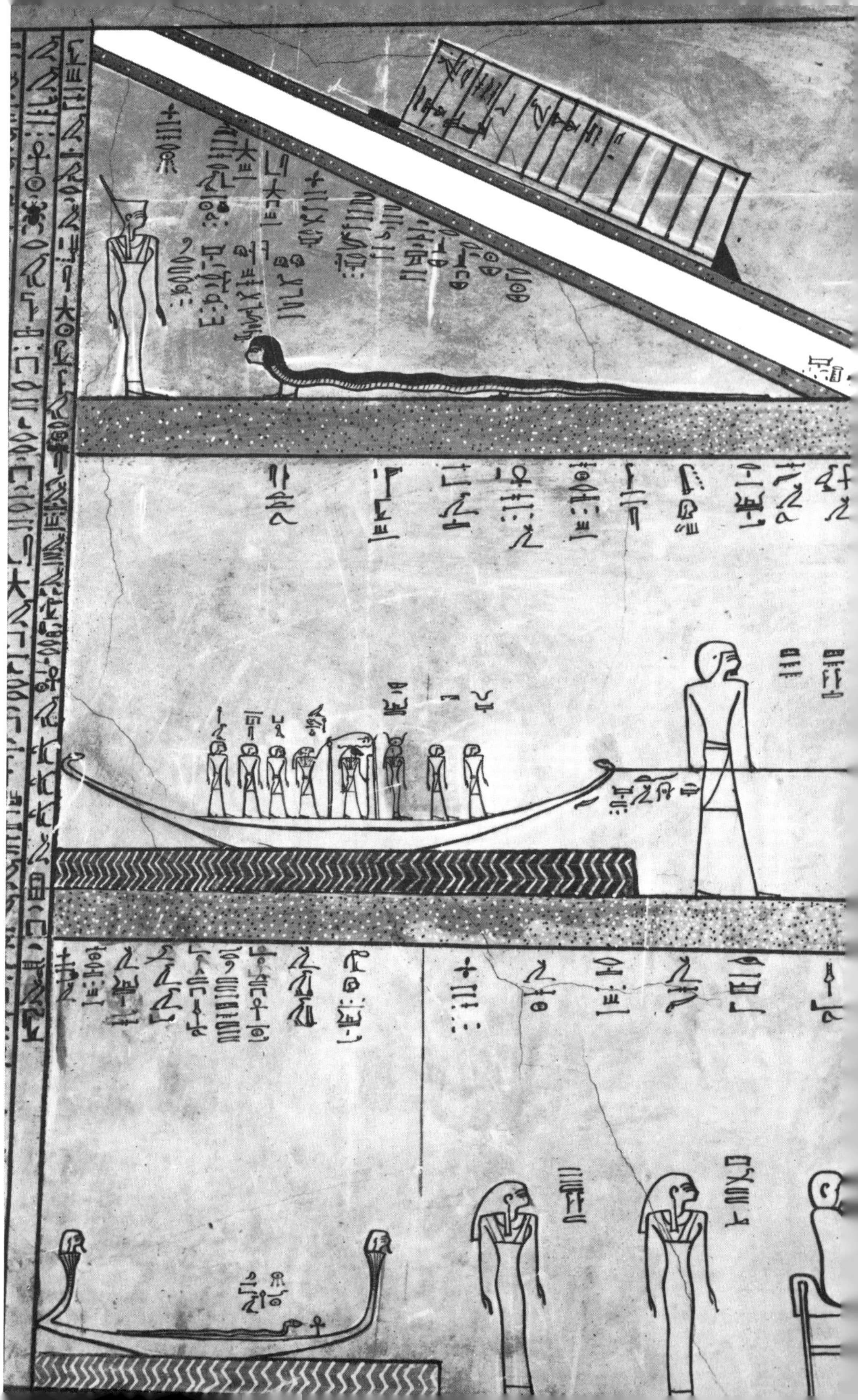

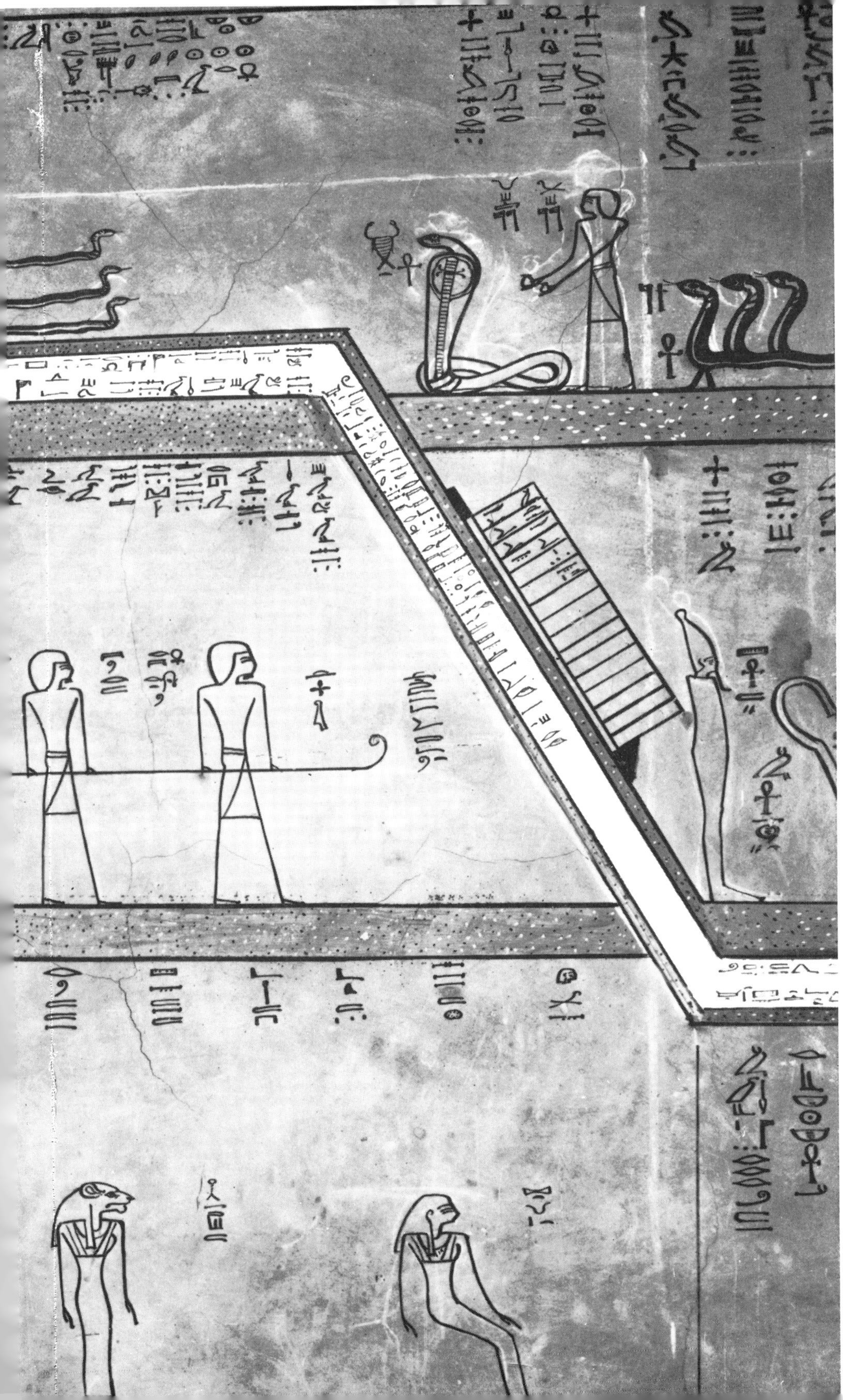

sei, wobei magische Gegenstände verwendet wurden, die mit Kräften begabt waren, die uns als außerordentlich erscheinen und deren eigentlicher Sinn sich uns wohl niemals enthüllen wird.

Die ersten Kapitel des *Totenbuches,* von I bis XIV, bereiten die Verstorbenen auf die Begräbniszeremonien vor, während derer die »erleuchteten Mumien« in die andere Welt hinübergehen werden. Die Toten werden sich über ihre Zukunft, über die Mühen und Freuden, die sie erwarten, ängstigen, und sie werden sich sorgen, daß ihre Verwandten und Freunde neben ihnen die »magischen Puppen« niederlegen. Das sind kleine, mit Zedernöl gesalbte Figuren, die im Namen und an Stelle des Verstorbenen auf den Feldern der Seligen arbeiten werden, wo man das Getreide aussäen und Gerste und Weizen einernten muß, wie man es im Niltal tut. Ist es unziemlich, wenn wir unterstreichen, daß die Lebensmittel ihre Bedeutung auch im Jenseits haben? Erinnern wir uns, daß Lord Carnarvon in einem Raum des Grabpalastes von Tut-ench-Amun, neben dem berühmten Saal der goldenen Särge, zu seinem wunderbaren Erstaunen 36 mächtige Krüge mit Wein von den Besitzungen des thebanischen Amun entdeckte, ferner 350 Liter Öle, Salben und Parfüme in vierzig Vasen aus durchsichtigem Alabaster und 116 Körbe mit diversem Obst. Höchstwahrscheinlich gab es auch, um den Hunger des Pharao zu stillen, enorme Mengen von weißem Brot, *psen*-Brot, *schens*-Brot, *chenfu*-Brot, *hbennu*-Brot! Sollte man hierüber verwundert sein, so muß man daran denken, daß die Toten schon zu ihren Lebzeiten sehr darauf bedacht waren, nicht Hunger zu leiden, und daß sie doch eine Ewigkeit lang wirklich und wahrhaftig »im Osiris tot sein und wiedergeboren werden«. Es würde auch, um die Berechtigung dieser profanen Sorge zu erweisen, genügen, darauf aufmerksam zu machen, daß die Verstorbenen sich daran erfreuten, so und so viele Male von dem in ein Pantherfell gekleideten Priester rezitiert zu hören, daß sie »helleuchtend und gesättigt« sein werden, »gesättigt durch die Begräbnisopfer des Osiris«, »gesättigt von Brot, Bier und gebratenem Geflügel in der Barke des Re«, daß sie »im Angesicht des Osiris, wahrhaftig, ständig und ewig ihre Nahrung zu sich nehmen und sich erfrischen« können. Die Toten erfreuen sich daran, dem psalmodierenden Priester zu lauschen und zu hören, daß es hinter den vier Öffnungen des Himmels, in den Regionen der Glückseligkeit, des himmlischen Nils und der lichten Geister, »wohl tut, mit ein wenig Geflügel seine Kräfte zu beleben, inmitten von Göttern, die die Welten geschaffen, und von Pharaonen, die Jahrhunderttausende über Ägypten regiert haben«. Ist diese Sorge um das Wohlergehen darum im geringsten weniger zu respektieren, weil es sich um das Leben in der Ewigkeit handelt? Es ist gut, zu wissen, daß man zum Lichtgeist wird, trotzdem wurde auch dem anspruchslosesten Gourmet und dem bescheidensten Vielfraß unter den Verstorbenen wohler ums Herz, wenn der Priester neben den Jahrmillionen der künftigen Existenz auch das reichliche Vorhandensein von fester und flüssiger Nahrung beschwor, mit dem die Seligen rechnen konnten.

Nachdem sie die Sorgen um das leibliche Wohl und um die Reise in die Regionen der Amenti kennengelernt haben, befassen sich die Verstorbenen in der vorgeschriebenen Weise damit, »allen Unrat aus dem Herzen zu jagen«, was ihnen dank geeigneter Zaubersprüche gelingt. Sie verherrlichen Re (Kapitel XV). Das Kapitel XVII des *Totenbuches* ruft laut J. Capart die Schöpfung der Welt herauf. In den folgenden Kapiteln XXI

Die Vignette oben stellt Ani dar, der in der Sonnenbarke den Himmel durchfährt. Er steht in anbetender Haltung vor Re, auf dessen Knien das Henkelkreuz, das Symbol des ewigen Lebens, zu erkennen ist. – Kapitel 15 und 133 des *Totenbuchs,* enthaltend die »Litaneien an Re«, mit dem der Verstorbene eins wird. *Papyrus Ani*

Anubis (links) und der Götterschreiber Thot (rechts) vollziehen mit fließendem Wasser vermittels göttlicher Waschungen die Reinigung des verstorbenen Pharaos im Saal der Anbetung, der zum Grabmal gehörte und den die Ägypter *Pa-duait* nannten. Dieser Saal der Anbetung war auch in den Tempeln zu finden. Der regierende Pharao wurde, in seiner Eigenschaft als »Sohn der Götter«, von einem *kher-heb*-Priester gereinigt, dessen Wesen so heilig war, daß bestimmte Mysterien nur ihm allein bekannt waren.
▼

▲
Im Saal des Sarkophags von Ramses VI. bringt Osiris, »der Stier des Westens«, seinen Sohn Horus zur Welt, und zwar im Bild eines Skarabäuskreises, der zugleich Symbol und prägende Form der Wiederauferstehung ist. Isis und Nephthys halten den Skarabäuskreis in ihren Händen fest. So wird die Seele eines jeden Toten wiedergeboren – geistlich befruchtet dank der Mysterien seiner Isis-Natur, auf daß sie ewig im Himmel leben kann, wo sie zur Horus-Seele wird und in ihrem wahren, sothisgleichen Licht erstrahlt, dem »Licht der Milchstraße«.

◀ Der Schlangengott Se-ta, der Krokodilgott Suchos, der auf einem Pylon ruht, und der Gott Ptah, der auf seiner Töpferscheibe das Welten-Ei geschaffen hat. – Kapitel 82, 85 und 88 des *Totenbuchs*, »Vollbringung der Verwandlungen«: »Möge die Seele leben, möge der Körper auf immer im Schutz der Götter sein, möge der Verstorbene die mythischen Formen der Sonne annehmen.« Aus einem Papyrus in Berlin

bis XXX sind die Mittel und Formeln dargestellt, die es dem Verstorbenen gestatten, ein neues Gedächtnis zu gewinnen, das nie wieder »verfault oder stinkend« wird, die »Kräfte seines Mundes in der göttlichen Region der Unterwelt« wiederzuerlangen und dem Zauber der Götter von Heliopolis zu entfliehen, die miteinander streiten, um »ihm das Herz aus den Eingeweiden zu reißen«. Er erinnert sich des Kapitels XXVI, das vor den Pforten des Himmels aufgesagt werden muß, damit »meine Hüften mir Anubis sichern soll« (Übersetzung G. Kolpaktchy).

Kapitel XXX schildert das, was ein erstes Urteil sein und in Kapitel CXXV entfaltet wird. Es ist dies in gewisser Weise eine Wiederholung der großen Seelenwägungsszene. Die Kapitel XXXI bis XLI werden vom Priester rezitiert, damit der Verstorbene den Kampf gegen die acht krokodilsköpfigen Dämonen besteht, die sich von Unrat nähren und vernichtendes Feuer speien. Es ist absolut notwendig, daß der Verstorbene die magischen Zauber, mit denen er versehen wurde, anwenden kann. Laut muß er seine Gebete rufen, um die übelwollenden Geister abzuwehren, die ihm auflauern. Er muß sich zu verteidigen wissen und versprechen, sich zu rächen. Die Kapitel XLII bis XLVII haben die Vergöttlichung der Glieder des Verstorbenen zum Gegenstand: »Und Seth, er webet in meinem Rückgrat. Mein Phallus, ein Leibesglied von Osiris« (Übersetzung Kolpaktchy). Es ist wichtig, daß der Verstorbene jene Litaneien gut kennt, die ihm klarmachen, daß sein Leichnam nicht verfaulen und nicht zerstückelt wird wie der Leib des Osiris, sondern daß er »ein geistlicher Leib« wird, »fähig, sich zum Licht emporzuschwingen«. Die Kapitel XLVIII und XLIX sind eine Wiederholung der Kapitel X und XI.

Ernte an den fruchtbaren Ufern des Nils: Sennudjem und seine Frau schneiden Korn (Theben)

Die Wandmalerei zeigt König Thutmis III. Wasser und Weihrauch opfernd vor Amun mit der hohen Doppelfederkrone. Des Gottes Thron hat als Sockel das Symbol für die Weltordnung, es ist das Zeichen der Maat (Rechteck mit vorne abgeschrägter Seite). Aus dem Grab von Thutmosis III.

Die Kapitel L bis LXIII sind Zaubersprüche, mit deren Hilfe die Seele den »Atem des Lebens« wiedererlangt. Sie sieht, wie sich vor ihr die Pforten der Erde und des Himmels auftun, und sie sieht auch das Wasser des himmlischen Nils, den Wohnsitz des Osiris: »Über des Himmels Gewässer gewähre mir Macht«, singt die Seele. Die Kapitel LXIV bis LXXV berichten, wie sich die Seele »zur Sonne erhebt«, wie sie sich am Busen der Isis verjüngt, wie sie im himmlischen Weltenraum wiedergeboren wird, »der ihre Mutter ist« (S. Mayassis, a.a.O.), und wie sie bei den Göttern im himmlischen Heliopolis weilen darf. Anschließend wird in den Kapiteln LXXVI bis C dem Verstorbenen empfohlen, jene »Verwandlungsformeln« zu wählen, die ihm gestatten, eine neue Gestalt anzunehmen. Der Tote kann zum Horusfalken oder zum Lichtgeist der kalten Gebiete werden. Er kann Wärme oder Licht sein oder Schwingung in der ewigen Weltenschwingung. Die »Verwandlungsformeln« werden vom Priester psalmodiert, damit die Seele des Verstorbenen fähig wird, eine neue Weisheit zu erwerben, damit sie vor dem Göttertribunal zu erscheinen weiß, das sie in den Kreis der Seligen zulassen oder in die Welt der Verstoßenen zurückweisen wird, und damit sie in der Sonnenbarke von Re Platz nehmen kann. Denn wie uns Iamblichos in seinem Werk *Über die Mysterien der Ägypter* berichtet: »Wer in einer Sonnenbarke Platz nimmt und in ihr fährt, versinnbildlicht einen Aspekt jener Kräfte, die die Welt beherrschen«. Die Formeln sollen ferner bewirken, daß die Seele über die Schlange hinwegzuschreiten vermag, die »die Zweiheit des Lebens der Götter« symbolisiert (G. Maspéro) und die von zwölf Frauen an einem Seil in die Unterwelt gezogen wird: »Die Seele wird in den Körper der Schlange von ihrem Schwanz her eindringen, der in die Richtung der Finsternis zeigt, und ihn durch das Maul wieder verlassen, der stets in die Richtung des Lichts zeigt.« So wird die Seele, nachdem sie die Schlange, das Symbol der Ewigkeit und der Reinkarnation, »überquert« hat, neue magische Kräfte erwerben. Bei seinem Eindringen in die andere Welt wird der Verstorbene überall die Spuren des »Zusammensturzes der Urzeit« bemerken. Es geht im *Totenbuch* häufig um die »Kriege im Himmel«, die dem »Welteneinsturz« vorangegangen sind. Scheint die Hartnäkkigkeit dieser Tradition nicht zu bestätigen, daß es »an den äußersten Grenzen der Zeit« unvorstellbare Erderschütterungen gegeben hat? Die Offenbarungen des *Totenbuchs* entsprechen der Erzählung von der babylonischen Sintflut, dem Gilgamesch-Epos, dem biblischen Bericht über Sodom und Gomorrha. Wer mögen sie wohl gewesen sein, diese titanischen Weltenzerstörer? Wesen von einem anderen Stern oder Menschen wie wir, die bereits die Atombombe kannten und einsetzten?

Die Zaubersprüche der Kapitel CI bis CXXIV werden hergesagt, um dem Verstorbenen zu helfen, die geheimen Bücher des Götterschreibers Thot und die Geheimnisse des Westens kennenzulernen, damit er die »sieben Stufen des Lichts« erklimmen kann, bevor er vor die Pforte von Ro-Setau tritt, dem Reich des Osiris. Kapitel CXXV ist das berühmte Kapitel vom Gericht

Die Göttinnen Isis und Nephthys, die Schwestern des Osiris, knien ► vor dem *djed*-Pfeiler, der Wirbelsäule des Osiris und Sitz des Lebensfeuers. Auf dem Djed das Kreuz des Lebens und der Jugendkraft, das seinerseits die Sonnenscheibe trägt. Rechts und links von der Sonnenscheibe die rituellen Paviane, die »Öffner der Pforten des Ostens«. – *Totenbuch*: »Anrufung des Osiris«. *Papyrus Ani*

und der Seelenwägung, vom läuternden Bekenntnis der Seele, ihrer offiziellen Auferstehung und ihrem Aufstieg. Bis jetzt hatte die Seele des Verstorbenen, sein *Ka*, sein Doppelgänger, die Gefilde der Seligen nur von Ferne erblickt. Noch war sie nicht in der Lage, sie zu betreten. Von nun an aber, nach der Rechtfertigung vor dem Göttertribunal, wird sie in das Universum des Himmels und der Seligen hereingenommen und bei ihrem Ewigkeitsnamen genannt werden, dem einzigen, der wirklich der ihre ist, und ihr Wesen wird dem Wesen der Götter gleichgestellt sein. Zum Verständnis unseres Textes werden wir über dieses Kapitel CXXV später noch ausführlicher sprechen. Die Kapitel CXXVI bis CXXXIX rufen die Formeln in Erinnerung, die im Augenblick der Läuterung der Seele herzusagen sind: wenn die Seele mit Osiris eins wird und die letztgültige Vollkommenheit erlangt, die räumlich und zeitlich ewig wird; wenn sie mit dem Licht zum schöpferischen Licht verschmilzt; wenn sie sich »am Busen ihres eigentlichen Lichts« erfreut und unverweslich wird; und wenn durch sie der Verstorbene »am Himmel in der Wohnung des Osiris erstrahlen« wird.

Als Abschluß dieser kurzen Übersicht über das *Totenbuch* – von dem ein oder mehrere Kapitel zusammen mit den Amuletten im Sarkophag der Mumie hinterlegt wurden – wollen wir aus dem Kapitel CXC, dem letzten des *Totenbuchs,* zitieren (nach der Übersetzung von G. Kolpaktchy): »Dieses Buch behandelt die Vervollkommnung des geheiligten Geistes im Schoße von Ra; es ... erhöht ihn vor Osiris, macht ihn mächtig vor dem Fürsten der Amenti und anbetungswürdig vor den göttlichen Hierarchien ... Dieses Buch offenbart die Geheimnisse der verborgenen Wohnstätten von Duat; es kann als Führer für die Einweihungen der Unterwelt dienen ... Wenn du dieses Buch rezitierst, laß dich von keinem menschlichen Wesen sehen, mit Ausnahme derer, die dir besonders nah sind, und des *kher-heb*-Priesters ... verschließe dich in dein Zimmer, das mit sterngeschmückten Stoffen tapeziert ist. Dann wird die Seele eines jeden Verstorbenen, für welche diese Texte rezitiert werden, unter den Lebenden im vollen Lichte des Tages herumgehen können; sie wird angesichts der Götter mächtig sein; ... wohl aber werden die Götter, nachdem sie jene Seele geprüft haben, in dem Verstorbenen einen Ebenbürtigen sehen ... Wahrlich, dieses Buch ist ein großes und tiefes Geheimnis ...«

Wird jemals ein Mensch ergründen, was das *Totenbuch* wirklich war? Wer wird uns einmal die eigentliche Bedeutung dieser Symbolfülle enträtseln? Groß war die Zahl jener, die in die Mysterien der ägyptischen Tempel eingeweiht waren, und doch hat niemals jemand über das gesprochen, was er dort erfahren hatte. Hören wir Pseudo-Cyprianus: »Zwanzig Jahre alt geworden, habe ich zu Memphis bei den Ägyptern unerforschliche, heilige Dinge kennengelernt.« (*Confessio,* 1758.) Schlagen wir noch einmal den Iamblichos auf, der in den *Mysterien der Ägypter* schrieb (nach der Übersetzung von P. Quillard): »Entferne aus deinem Hirn den Gedanken an Symbole, den dir deine Phantasie eingeben könnte, oder an das, was du hast sagen hören, und halte dich nur an die rein geistige Wahrheit.« Zitieren wir auch Lukian, der in seiner *Götterversammlung* (nach einer Übersetzung von E. Chambry) die Bemerkung macht, daß »die Religion der Ägypter voller Rätsel steckt, und wenn man nicht in sie eingeweiht ist, dürfen wir ihrer nicht spotten. Es bedarf in der Tat wirklich der Kenntnis dieser Mysterien, um zu wissen, daß die Götter Götter sind und die Paviane Paviane.«

▲
Die Vogelseele des Ani besucht ihre mumifizierte Leiche. – Kapitel 91, 92, 93 des *Totenbuchs, Papyrus Ani*

Der Falke, Symbol von Re-Harmachis, des »von selbst entstandenen Chepre«, versinnbildlicht die aufgehende Sonne, die über den Bergen erscheint. Über seinem Kopf befindet sich die von einer Kobra umgebene Sonnenscheibe. Das geflügelte Horus-Auge zu beiden Seiten der Sonnenscheibe ist das Symbol der Ewigkeit. Unter jedem Uzat-Auge liegt ein Betender ausgestreckt auf dem Boden. Unter den acht anbetenden Göttern sind vier Paviane, die die Geister des neugeborenen Tages darstellen. Darunter rechts Isis und links die Göttin Nephthys. Unten, beiderseits des Berges des Westens, die Seele der Dame Anhai in Gestalt eines Vogels mit Frauenkopf. – Text: *Hymnus an die aufgehende Sonne,* Kapitel 110 des *Totenbuchs. Papyrus Anhai* ▶

Oben von links nach rechts: ein Gott mit Sperberkopf, der die doppelte Sonnenkrone des Nordens und des Südens trägt, das Sinnbild für die Macht des Lichtes; die auf dem Totenbett ruhende Mumie des Verstorbenen,unter ihr Gefäße mit Bier und Öl; beiderseits der Mumie die Göttinnen Nephthys und Isis in Falkengestalt.
Unten sehen wir den Verstorbenen in kniender Haltung vor den beiden Schlangengöttinnen des Nordens und des Südens, Uto und Nechbet; ferner einen Tisch mit Opfergaben und das »Ei der Geburt«, den »Grünen See«, der den »Keim der Generationen« enthält, dann kniend ein Gott, der »Große Grüne«, und rechts daneben der »Blaue Gott« Hah mit der hängenden Brust, der »Gott des Nun«, der »Hervorbringer von Millionen von Jahren, die sich ohne Unterlaß erneuern«. In der Hand hält Hah einen Palmenzweig; vor ihm die Seen der beiden Wahrheiten, die Seen der Läuterung. – Kapitel 17 des *Totenbuchs, Papyrus Hunefer*

KAPITEL 4

Die Toten haben einen Namen für die Ewigkeit und müssen die Worte kennen, die ihnen die »Pforten öffnen«

In der Spruchsammlung des *Totenbuchs* stand den Verstorbenen – oder besser gesagt: ihrem Doppelgänger, ihrem *Ka,* das vom Augenblick der Geburt an in ihnen war und sie sogleich nach dem Tode wieder verließ* – ein Schatz magischer Formeln zu Gebote, mit dem sie die Ränke der böswilligen Dämonen zurückweisen konnten. Dank dieses Papyrus vergaßen die Toten niemals ihren zweiten Namen, ihren *Namen für die Ewigkeit,* ihren magischen Namen, ohne den niemand das Jenseits erlangen konnte und ohne den kein Gott ihn im Kreis der Gerechten anerkennen würde. Dank des *Totenbuchs* fiel es ihnen leicht, die vier Krüge der Sturmgöttin von Elephantine zu benennen, den Atem der Schlange des Tals, aber auch die siebenunddreißig Formen wiederzuerkennen, die die Sonne jede Nacht in der Unterwelt annahm, bevor sie in Gestalt eines Skarabäus am Horizont wieder emporstieg und im ungeheuren Theben die blattgoldbedeckten Spitzen der zahllosen Obelisken und die gigantischen Pylonen jener Tempel bestrahlte, die die tägliche Auferstehung des leben- und ewigkeitsspendenden Re verherrlichen sollten.

Die Toten müssen auch so gut wie die Lebenden die widderköpfige Sonne zu begrüßen wissen, die die Finsternisse eröffnet und den Nil im Licht jedes Tages sin-

* Näheres bei U. Schweitzer: *Das Wesen des Ka im Diesseits und Jenseits der alten Ägypter* (Glückstadt-Hamburg 1956).

gen macht. Wenn im Reich des Sokaris die Sonnenbarke an ihnen vorübergleitet, dann freuen sich die Toten und mit ihnen die Elementargötter an dem wunderbaren Weltschöpfungsakt des Amon-Re, der in jeder Abenddämmerung aufs neue anhebt, seitdem das Weltall aus dem Urchaos hervorging. Sie sind an den Ufern des unterirdischen Stromes zugegen und haben deshalb Anteil an dem geheimnisvollen Ereignis, das Amon-Re Nacht für Nacht in der Region des Westens begeht. Ja, sie befinden sich, kraft der Wirksamkeit und Mächtigkeit der in kunstvoller Kalligraphie geschriebenen Gebete, von nun an unter dem Schutz magischer Worte, die das Verwesen des Körpers verhindern. So wird ihr *Ka* vor den Göttern, die gerecht sind, die Litaneien des Negativen Glaubensbekenntnisses hersagen können, die Worte aussprechen können, »die die Pforten öffnen«, und den finsteren, mit Messern bewehrten Gottheiten entfliehen können, die den Leib pressen, um die Eingeweide herauszudrücken, und die, wie es Schesmu so häufig tut, »die magische Kraft der Worte verschlingen« und sich wie ein stinkender Atem in die Nase der Mumien schleichen ... Wohlan, wenn sie die Sprüche des *Totenbuches* beherrschen, brauchen sie sich nicht vor den Göttern zu fürchten, die es wagen, sich den Großen des Himmels entgegenzustellen. Vor allem aber erscheinen sie, dank des Kapitels CXXV, ohne Furcht vor den Herren der Gerechtigkeit und der Wahrheit im göttlichen Tribunal, vor den Sieben Leuchtenden, den Sieben Geistern, vor dem großen Richter Osiris, vor den vier Horussöhnen, vor den Schutzgöttern der Amenti, vor den Richtern, die hinter Osiris sitzen, wie z. B. Hetep-Sekhus, der beschützt oder aber verbrennt, als »weibliche Ausformung der Sonnenflamme, deren männliche Gestalt Sebek ist« (Mayassis, *a.a.O.*). Sie werden ihre Rechtfertigung vorzubringen wissen, die seit Anbeginn der Welt jeder Verstorbene hat vorbringen müssen, im Verlauf jener schrecklichen Prüfung, die ihn erwartet: der Wägung seiner Seele. Sie werden ihre Seele von jedem Unrat zu reinigen wissen, nachdem sie den Boden vor Osiris, dem die vier Horussöhne zur Seite stehen, geküßt haben. Denn die Seele ist von Geburt an unrein, »weil sie aus dem Bauch einer Frau gekommen ist«, und weil sie im Verlauf ihres kurzen Erdendaseins Leidenschaften entwickelt hat, die ihrer unwürdig sind. In seinem Werk *Rituel funéraire* betont de Rougé dieses Wissen der Seele des Toten um ihre eigene Unreinheit. Sie erlebt noch einmal alle Fehler nach, die sie durch das Fleisch begangen hat, in dem sie verkörpert war. Dank der Gebete und Formeln des Kapitels CXXV aber braucht die Seele nicht zu fürchten, vor den zweiundvierzig nomarchischen Richtern zu erscheinen, den Ruhmreichen, den Lichthaften, den heiligen Gesichtern der Finsternis, die sie wohl rechtfertigen und in Licht kleiden werden, bevor sie in Re entbrennt und sich mit ihm in den Glanz des Himmels mischt.

Psychostasie und Negatives Glaubensbekenntnis

Denn bevor das Herz des Verstorbenen, d. h. sein Gewissen, dem Paradies oder der Hölle zugeteilt wurde, wurde es auf die Waage der Götter gelegt, gewogen und gerichtet. Ein Ungeheuer mit dem Maul eines Krokodils und dem Leib eines Nilpferds – in den Texten »Scheußliches Tier« oder »Verschlinger der Seelen« genannt – lauerte gierig neben der Waage. Es besänftigte seinen Blick an der Seite des Osiris, des Totengottes, der

Sind die Prüfungen und Rechtfertigungen bestanden, dringt Ani in die Gefilde der Seligen ein, durch die der himmlische Nil mit seinen Mäandern fließt. Der irdische Nil, der aus der Amenti entspringt, ist nur das getreue Abbild der »Großen Flut der Nut«. Der Verstorbene geht ein in die Gefilde der Seligen, ebenso sein Doppel, und zwar auf Empfehlung des Thot, »der alles Fleisch beschützt« (oben links). Thot war ihr Fürsprecher bei den drei göttlichen Wächtern der Gefilde der Seligen. In den Gefilden des Schilfs, des Rohrs, der Seligen und der Opfergaben wird Ani den Phönix Benu erblicken, das Symbol der Wiedergeburt. Er wird den himmlischen Nil befahren, in dem Re sich gereinigt hat.
Er wird den weißen und den roten Weizen säen und ernten, denn wer in

den Gefilden der Seligen lebt, muß sich vom »Brot der Ewigkeit« und vom »Bier der Ewigkeit« ernähren, so wie er sich zeit seines irdischen Lebens genährt hat. Unten, rechts von den beiden Inseln, erkennt man die Barke des Lichts, die Barke mit der Himmelsleiter, dem Symbol des letzten und endgültigen Aufstiegs der Seele zu den Gestirnen, mit denen sie sich vermischt und zum Licht des Re vereinigt. Auf dieser Seite oben links steht Ani in anbetender Haltung vor Re, der ihm, über zwei Altäre hinweg, den Stab des langen Lebens reicht. Rechts die siebenmal abgebildete göttliche Kuh Mehurt und der himmlische Stier. – »Anrufung des Re«, Kapitel 110 des *Totenbuchs*, mit der Beschreibung der Gefilde der Seligen. *Papyrus Ani*

den unwiderruflichen Richterspruch fällte. Zweiundvierzig Richtergottheiten, auf den Fersen hockend und die zweiundvierzig Gaue des altägyptischen Doppelreiches der Lilie und des Papyrus, aber auch die zweiundvierzig kanonischen Sünden des Menschen verkörpernd, verhörten den Toten, der sich vor dem Tribunal verantworten mußte. Das ist die berühmte Szene der Psychostasie (Seelenwägung), wie sie auf allen Grabpapyri dargestellt ist. Der Tote mußte nun das sogenannte *Negative Glaubensbekenntnis* ablegen, und zwar vor Thot. Er ist der Besitzer der Geheimen Bücher, der einst befohlen hat, daß sein eigentliches Leben Hunderte von Jahrmillionen dauern müsse (Litanei CLXXV), und hat Jagd auf das Schwein gemacht, das in der Welt der Lebenden genauso der Feind des Osiris ist wie in der Welt der Toten die Apophis-Schlange der Feind des Re. Vor Thot und vor dem schakalsköpfigen Anubis, die beide aufmerksam neben der Waage standen, mußte der Tote erklären, daß er »keine Sünde gegen die Menschen be-

Auf dieser Vignette aus dem *Papyrus Hunefer* sehen wir den Falken Re-Harmachis, den wir schon auf Seite 86 beschrieben haben, mit seinen sieben Pavianen, die die Geister der Morgenfrühe verkörpern. Sie sind die »Öffner der Pforten des Ostens«, sobald sich die Sonne am Horizont der arabischen Wüste zeigt. Unter Re-Harmachis, zwischen der Göttin Isis (links), »Schwester und Gattin des Osiris«, und der Göttin Nephthys (rechts), »Schwester des Osiris und Frau des Anubis«, hat der priesterliche Manuskriptschreiber den *djed*-Pfeiler dargestellt. Er versinnbildlicht die Wirbelsäule des Osiris, den Sitz der magischen Kraft des Saftes und des Lebensfeuers, die Osiris den Verstorbenen mitteilt. »Der auf der Mumie niedergelegte Djed flößte ihr den Lebenssaft des Osiris ein. Der Djed sicherte der unsterblichen Seele ihre Festigkeit. – Kapitel 16 des *Totenbuchs*, »Hymnus zu Ehren des Aufgangs von Re«. *Papyrus Hunefer* ►

gangen hat; nichts begangen hat, was den Göttern mißfallen könnte; die Hierarchien geachtet hat; niemanden erschlagen hat oder hat erschlagen lassen; niemandem Leid verursacht; niemals knauserig gewesen ist, wenn er ohne Zeugen die Speisen und den Weihrauch bemaß, den man in den Tempeln opfern muß; den Toten nicht die Lebensmittel und Getränke entwendet hat; an Orten der Reinheit keine Unzucht getrieben; die Elle nicht verkürzt hat, um den Nachbarn um seinen Grund und Boden zu bringen; die Maße nicht gefälscht und die Gewichte nicht beschwert hat; weder die Vögel der Götter noch die Fische aus den heiligen Seen entwendet hat; den Herden des thebanischen Amun keinen Schaden zugefügt und die für den Schatz der Heiligtümer bestimmten Goldbarren nicht falsch gezählt hat.« Im Angesicht der zweiundvierzig mit Messern bewehrten Götter, im Angesicht Thots und Anubis' schlug sich der Verstorbene an die Brust: »Wohlan«, sagte er, »ich habe das Leben dazu genutzt, das Gute zu vollbringen; und ohne zu lügen, o ewige und wohlgesonnene Götter, kann ich mein Loblied singen, denn ich bin unter den Guten der Beste gewesen. Ich habe Speise gegeben denen, die bedürftig waren, und Wasser denen, die Durst hatten um die Mitte des Tages; mein Fischerboot habe ich geliehen dem, der keines hatte.« Wie gut und gerecht sie doch alle sind, diese Toten, die sich da vor Osiris, vor Thot und vor Anubis an die Brust klopfen! Wenn man ihren Worten im Jenseits glauben darf, so waren sie alle den Waisen ein Vater, den Witwen Stütze und Stab und den Unglücklichen eine Zuflucht ... »Bei Heliopolis, ich habe nicht gesündigt! Beim Träger der Kher-Aha-Flammen, ich habe nicht gestohlen! Bei der Nase von Hermopolis, ich habe nicht betrogen! Beim Verschlinger der Schatten, ich habe keinen Menschen erschlagen! Bei der doppelten Himmelslöwin, ich habe kein Korn gestohlen! Beim Zermalmer der Totengebeine von Herakleopolis, ich habe den Tempelschatz nicht geplündert! Meine Eltern habe ich in ein Leichentuch gehüllt. Die Tochter meines Knechtes habe ich nicht in die Knechtschaft geschickt. Die Geier des Himmels habe ich gespeist, denn es sind heilige Tiere. Kein einziges Mal, solange ich lebe, bin ich vor dem Magistrat geschlagen worden oder habe ein Zeichen gemacht, das die Seele eines Toten hätte erschrecken können, ein Zeichen, dessen Bild unreine Dinge hätte beschwören können.«

Ganz rein sind sie vor den göttlichen Richtern, diese Toten, die dafür Sorge trugen, bevor sie zu Grabe getragen wurden, daß sie eine Grabstelle erhielten, auf die nur die Gerechten dieser Welt Anspruch hatten und auf die die Schreiber folgende Worte eingravieren ließen: »Möge sich jeder, der hier vorübergeht, des verstorbenen N. N. erinnern. – Möge jeder, der diese Stelle liest oder sich vorlesen läßt, wenn er nicht lesen kann, die Opferformel für die Seele des Verstorbenen hersagen.« (Nach einer Übersetzung von Jean Capart.) Hören wir nun noch die Fortsetzung des Negativen Glaubensbekenntnisses der Toten, die, wenn sie gerechtfertigt sind, sehen werden, wie sich die Pforten des Westens vor ihnen auftun, und die an den Tag hervortreten können, mit einer Kopie des Kapitels XX um den Hals, um sich am Ufer des Nils unter den Sykomoren zu ergehen und sich an dem zu erfreuen, was die Himmelsgöttin Nut geschaffen hat: »Lob sei euch, o Götter, die ihr den Geruch dessen wiedererkennt, der vom Boden Ägyptens kommt und vor euch erscheint, nachdem er einbalsamiert, in Tücher gehüllt und mit jener magischen Salbe gesalbt wurde, die die Entdoppelung begünstigt und das innere Wesen aus dem äußeren Wesen heraustreten läßt, nachdem es geläutert wurde wie einst der Phönix von Herakleopolis, der die Seele des Re ist. Lob sei euch, o Götter im osirischen Wickelzeug, die ihr hinter den Pforten der Amenti steht und jene zu erkennen wißt, deren Gliedmaßen verfaulen und stinken, weil sie ihresgleichen umgebracht haben, oder Tiere im Tempelhof gestohlen oder in der Einsamkeit unkeusch gewesen sind oder das Wasser des Flusses verunreinigt haben. Lob sei euch in Ewigkeit, göttliche Geister, Geister mit dem Pavianskopf! Ich, der ich tot und neu-geboren bin, ich habe, bevor ich vor euch erscheine, gesehen, daß mein Leichnam gewaschen und mit Binden umwickelt worden ist und meine Augen mit Antimon bestrichen wurden. Ihr wißt, daß ich weder das werdende Ei zerbrochen, noch beim Bock von Mendes geschworen, noch den Namen des Ptah-Tatenen in Abydos ausgesprochen habe. Errettet mich! Schirmt mich mit eurer Nähe, denn mein Atem ist rein, mein Herz ist rein, meine Hände sind rein, und die mich sehen, sprechen: ›Sei willkommen, o du, der du rein bist, und möge deine Seele in der Unterwelt Frieden haben ... Sei willkommen, denn du hast deine Eingeweide gereinigt im See der Maat, und du kannst erscheinen – du, der du rein bist – vor Osiris, dem Stier der Amenti, vor Osiris Neberdjer, vor Osiris Djedi, dessen Wirbelsäule die Achse des Weltalls ist.‹ «

Das Herz des Verstorbenen und die Feder der Maat auf der Waage

Nachdem sie das Negative Glaubensbekenntnis des Verstorbenen vernommen haben, befragten Thot und Anubis – der Götterschreiber und der Schutzgott der

Friedhöfe – die Waage. Sie wissen, daß der Verstorbene die vorgeschriebenen rituellen Opfergaben hinterlegt hat: das Brot, das Bier, die Füße eines roten Stiers, die vier Schalen mit Blut, die vier Schalen mit Milch von einer weißen Kuh. Sie wissen, daß der Verstorbene alles Notwendige veranlaßt hat: Auf seinem Leichnam liegen das Uzat-Amulett aus Lapislazuli oder Jaspis und das Blumenkränzchen *ancham*. Man hat auf seinen Wunsch die zwölf Feuer auf den Altären entfacht. Auf seinen Sarg hat er sich das Kapitel LXXII des *Totenbuches* schreiben lassen, in welchem erklärt wird, wie man sich auf den Wegen der Unterwelt zurechtfindet. Er hat auch nicht versäumt, im Bug der mit den Hütern der Städte bemalten Sonnenbarke eine Statuette niederzulegen, die ihn darstellen soll, und er hat angeordnet, daß diese Barke aus grünem Porzellan mit Zedernöl gesalbt werde ... Thot und Anubis befragen nun die Waage der Götter ... Und wenn Thot auf seinem Täfelchen niederschreiben kann, daß die beiden Waagschalen im Gleichgewicht sind – auf der einen Schale liegt das Herz des Verstorbenen, der Sitz seines bewußten Willens und seines moralischen Gewissens, auf der anderen die Feder der Maat, die Feder der Wahrheit –, dann wendet sich der ibisköpfige Thot zum Totengott Osiris und spricht zu ihm: »N.N. ist auf der Waage gewogen worden. Sein Herz ist rein, denn es ist nicht schwerer als eine Feder.«

Damit war der Tote *Maa kheru* geworden, gerecht und gerechtfertigt. Sein Herz, »das Herz seiner Mutter«, das »Herz seiner Geburt«, jenes Herz, das er als Lebender besessen hatte, es hatte nicht gegen ihn gezeugt, ihn nicht vor den Göttern belastet. Von nun an konnte der Tote gewogen, unversehrt und frei von Unrat – sich für alle Ewigkeit wenden, wohin er wollte: Er konnte die

In der Unterwelt erscheint der Verstorbene vor Osiris-Sokaris (links). Dieser steht aufrecht unter einem Baldachin und hält die Insignien seiner Herrschaft über das Reich der Toten in der Hand: Krummstab, Geißel und Stab des langen Lebens. In der Mitte, vor einem Tisch mit Opfergaben, die Göttin Hathor, hier als Nilpferd dargestellt. In der Linken hält sie das Henkelkreuz, in der Rechten ein bisher noch nicht gedeutetes Symbol. Diese Darstellung der Göttin Hathor als Nilpferd findet sich übrigens auf allen Papyri der thebanischen Periode. Rechts die göttliche Kuh Mehurt, die ebenfalls Hathor symbolisiert, »die Herrin der Amenti, der Berge des Westens, des Landes der untergehenden Sonne«. Die Hathor-Kuh geht aus der Amenti hervor, an deren Fuß sich (unten rechts) das Grab des verstorbenen Ani befindet. – Kapitel 186 des *Totenbuchs*: »Ruhm sei Osiris, dem Fürsten der Amenti, dem Herrn von Abydos! Ruhm sei Osiris-Unneferu, dem obersten aller Götter!« *Papyrus Ani*

Fragment aus dem Leichenzug des Ani. Von links nach rechts: ein Priester, der die Zauberformeln aus dem *Totenbuch* psalmodiert, das der Mumie mitgegeben wird, während zwei weitere Priester, darunter ein *kher-heb*-Priester, sich auf die letzten Grablegungsriten vorbereiten, bevor der Verstorbene in sein Grab (rechts) getragen wird. Die Gattin des Verstorbenen kniet wehklagend vor der Mumie des Ani, die von dem hinter ihr stehenden Anubis »umarmt« wird. Anubis wird die Lebensflüssigkeit in der Wirbelsäule des Verstorbenen wieder zum Leben erwecken. – *Text:* Kapitel 22 des *Totenbuchs. Papyrus Ani*

Links ein Begräbnisschrein mit den vier Kanopen und den vier Horussöhnen; rechts der Verstorbene vor einem mit einem Messer bewehrten göttlichen Hüter eines Pylonen. – Kapitel 22 des *Totenbuchs.* Vignette aus dem *Papyrus Hunefer*

Erde der Lebendigen besuchen, die zwölf Regionen der Unterwelt oder die tiefsten Gründe der Milchstraße. Er konnte nach Abydos gehen, wo er es verdient hatte, das Antlitz der Götter Ägyptens zu schauen. Und Maat war bereit, für alle Zeiten ihre magische Flüssigkeit durch die Wirbelsäule des Verstorbenen rinnen zu lassen, seine Schultern und seine Brust zu umfangen und ihnen ihren Atem einzuhauchen. Der Verstorbene hatte »die magischen Worte von großer Kraft« vernommen, nach seinem Bekenntnis war er »wahr in seinen Worten« geworden, ja, er war zu Osiris selbst geworden, von nun an war er strahlend wie der in Re wiedergeborene Osiris. Mit seinem Schatten, seiner Intelligenz, seinem Gedächtnis war er vor dem Göttertribunal erschienen, und indem er sich seinen Richtern auslieferte, vermied er alle Fallstricke, die die übelwollenden Götter den Toten stellen, die in die untere Welt absteigen. Er war zum bestirnten Phönix geworden, nachdem er sich »in seinem Sarkophag inmitten seiner Taten niedergelegt« hatte.

»Die Dinge des Sechem« kennen

Von nun an kann der *Gerechtfertigte* – denn jetzt, wo ihn die Götter akzeptiert haben, ist er nicht mehr nur ein Toter – neben den »Unvergänglichen« Platz nehmen, die am nördlichen Himmel in Myriaden von Teilchen anzutreffen sind, in jenem Gebiet, das man gewöhnlich das Jaru-Feld nennt, das »Gefilde der Speisen« oder »Gefilde der Binsen«. Es sind keineswegs imaginäre Stätten, wo es, solange die Ewigkeit währt, Speise und Trank jeder Art in Hülle und Fülle gibt. In der Pupille des Uzat-Auges wird er das Bild eines Gottes mit erhobenen Armen erblicken und die zweibeinige Schlange, deren Kopf mit der Sonnenscheibe

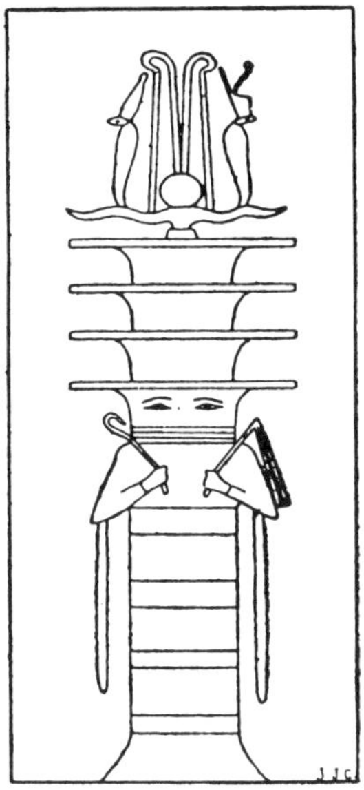

Der djed-Pfeiler des Osiris mit Kopf und Armen. Die vier Wirbel unterhalb der Hörner des Amun und der beiden Uräusschlangen sind das Symbol der »Lebensflüssigkeit«, der »Schlange des Feuers«, die sich in der Wirbelsäule befindet. Diese Flüssigkeit, den »Atem des Lebens«, überträgt der Priester, indem er seine Hände auf den Nacken des Verstorbenen legt, den er »mit der Wärme der Isis erwärmen und umhüllen« will.

geschmückt ist. Er wird vier Arten des Lichtes erkennen: das »sethische Licht«, das keineswegs dasselbe wie das Sonnenlicht ist; das Licht der Finsternis; das Licht des Beginns der Weltschöpfung; und endlich das anubische Licht, das »hinter dem Sarg« leuchtet. Auf dem Jaru-Feld sieht er »Seelen, die von ihren Beinen Besitz ergreifen«, um zu den Wohnsitzen der Glücklichen zu eilen und den Gefallenen zu entfliehen, denen die Lebensflüssigkeit genommen wurde. Er nähert sich den *Lichtgeistern,* Statthalter eines Stückchens der von der Sonne entbundenen Kraft, und den Winden, die die Flüssigkeiten des Unendlichen mit sich führen, dank welcher »die Himmel sich mit den Planeten verbinden*.«

Alles, was die rastlosen Menschen zu wissen begehrten, bevor sich die unsichtbaren Pforten vor ihnen öffneten, hier werden sie es erfahren. Sie werden wissen,

* Ph. Virey: *La Religion de l'Ancienne Égypte* (Paris 1910).

Darstellung des Verstorbenen (links) in einer der Regionen der Duat. – Vignette aus dem *Papyrus des Khonsu*, Louvre

Die Mumie des Pharaos Amenophis II., (um 1450 – 1425 v. Chr.), wie sie im Sarg aufgefunden wurde.

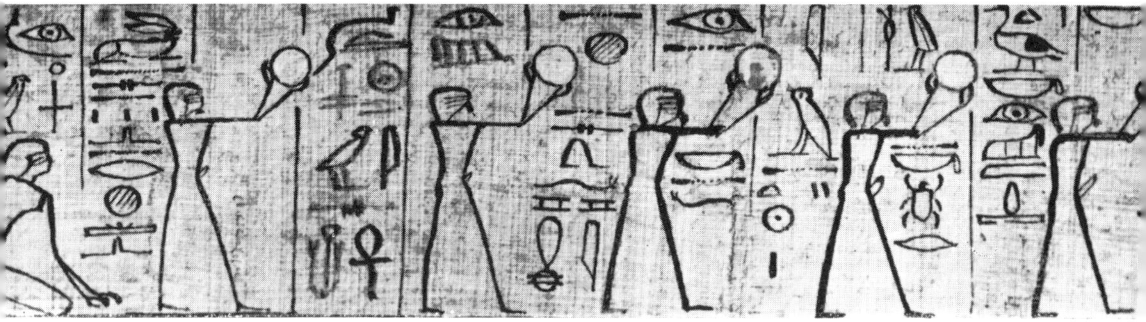

was die »Dinge des Sechem« sind, nämlich die Erleuchtung des sichtbaren Kosmos, und was der Geist nach seinen geheimnisvollen Läuterungen versinnbildlicht. Auf dem Jaru-Feld hören sie, wie die Seelen der Pharaonen in Gestalt einer Gans schnattern – fern jenen Regionen, die weder Form noch Gewicht noch Zeit kennen und in denen »die Zerstörer von Millionen von Jahren« regieren, umringt von Nebel und dem unendlichen Schrecken eines Ortes, der grenzenlos, blaugrün und glitschig ist. Der Gerechtfertigte wird jene Paradiese erleben, von denen er so oft geträumt hat, seit er sich von seiner Kindheit losgerissen hat – an den Ufern des tiefblauen Nils, des »göttlichen Flusses«. Er sieht im Ägypten der Toten jenen anderen Nil fließen, den himmlischen Nil, und er sieht die Matten und Wiesen, die sich ebenso grün durch die Weltenräume ziehen wie die Obstgärten Thebens. Möge er endlich Freude finden, nach der schrecklichen Prüfung der Seelenwägung, weilt er doch nun unter den Gerechten, die sich am kühlen Schatten der Sykomoren in den himmlischen Gärten laben dürfen. Er und alle anderen, die nach ihm in das Reich des Todes hineingeboren werden, werden die Milch der Göttinnen trinken, weshalb sie in den Pyramidentexten auch »die Verherrlichten mit dem wohl versehenen Mund« heißen.

Nachdem er seinen Namen auf den Täfelchen des Thot gelesen hat, wird der Gerechtfertigte das »Welten-Ei« schauen, »Re in seinem Ei«, das die Urschwingung aufbewahrt, die am Anfang des Lichts und des Wortes war. Seine Seele erfreut sich am himmlischen Nil, d. h. an der Milchstraße, die in Ewigkeit aus dem Euter der göttlichen Kuh Hathor-Nut hervorfließt. Vor den *Khus* der Amenti, den »in Wissen gehüllten Lichtgeistern«, wird er sich des Gebetes erinnern, das der Priester an seiner Mumie sprach: »Mach, daß ich ein neun Ellen großer *Khu* auf dem Feld der Opfergaben werde. Sieh mich an: Ich bin geboren worden, und in der Gestalt eines lebendigen *Khu* gehe ich hervor.« Er wird den Phallus des Re sehen, »der sein Licht ist«, und den Phallus des Osiris, der in einen Löwenkopf ausläuft, um die vom Sonnenlicht durchströmte Glut zu versinnbildlichen. Er begegnet den Verdammten, den »Verkehrten«, die ohne Kopf und mit dem Hals nach unten, ihres Lebenssaftes beraubt, durch das Nichts irren. Er findet sich in »der Nacht der Dinge« in Sechem, der himmlischen Stadt, die zugleich »die Erleuchtung der Welt durch den Sarg des Osiris« ist. Er flieht die toten Könige, die ihre eigenen Eingeweide verschlingen, und die göttlichen Folterer, die die Wirbelsäulen der zu Unrat gewordenen Verdammten aufbrechen, um ihnen die magische Kraft auszusaugen, die ihnen noch verblieben war, und ihnen für immer jede Persönlichkeit zu nehmen, jedes Verlangen, ihre alte Existenz auf Erden noch einmal wiederzusehen. Sie machen Jagd auf Dämonen, die den übelwollenden Geistern das Recht bestreiten, in der Region von Buto für Seelen ohne Erinnerung in einem seit langem schon enthaupteten Körper zu sorgen. Wenn er in der Milch der Kuh gewaschen und wenn sein Rücken mit einer Handvoll Salpeter gereinigt worden ist, wenn seine Gliedmaßen wieder an ihren Platz gerückt worden sind und er die Bewegungsfähigkeit der Beine und die Kraft seines Wortes wiedergewonnen hat, dann ergreift der Gerechtfertigte einen langen Stab und kann, ohne zu ermüden, auf den Wegen der himmlischen Gefilde entlangziehen – »seinen Tod von sich fernhaltend«, schreibt Kolpaktchy, »damit er ihm nicht zu nahe komme«. Er ist dem Anubis ebenbürtig geworden, der ihn aufrichtet, wenn er »in seinem

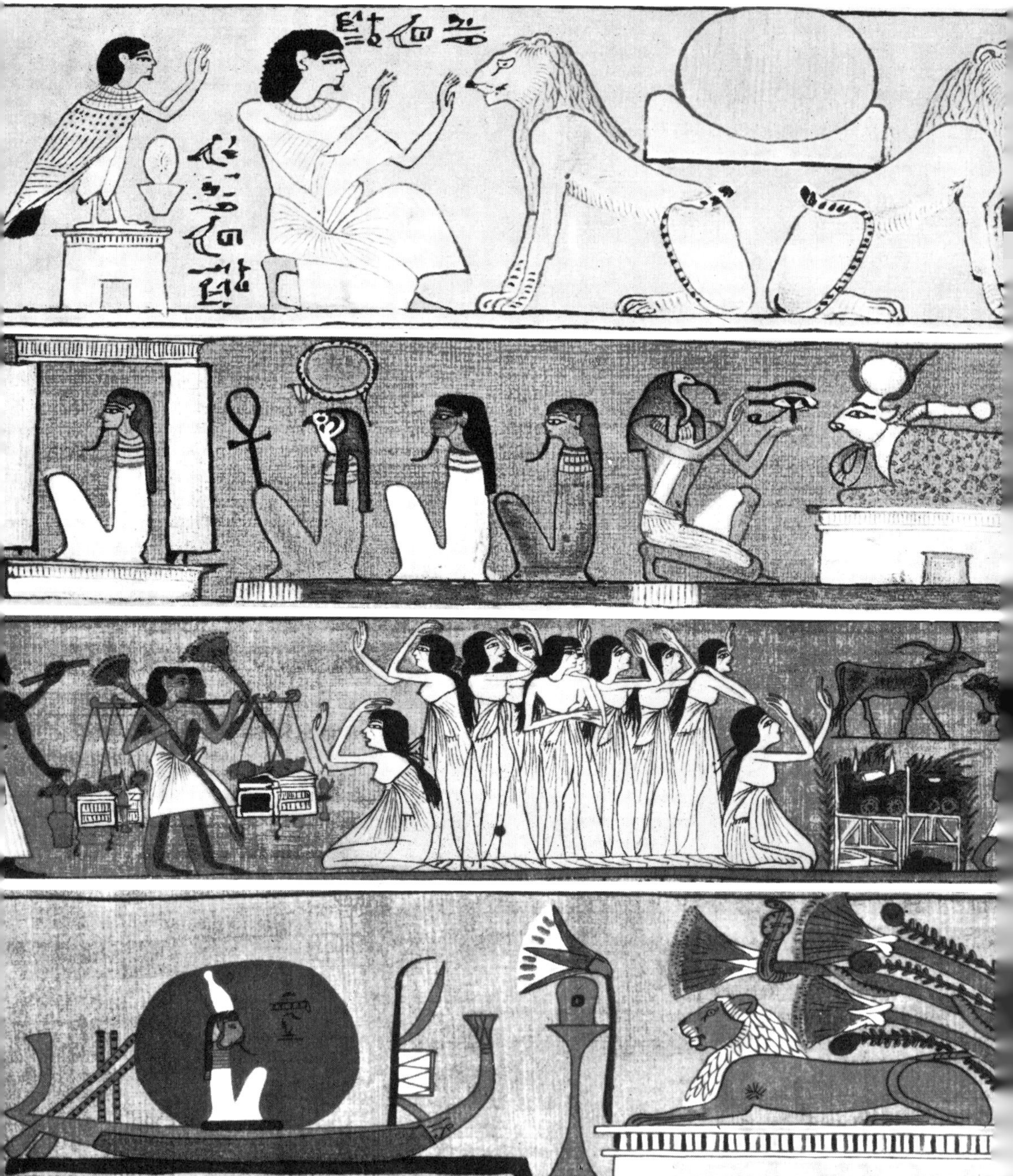

◀ Von links nach rechts: die auf einem Pylon sitzende Vogelseele des Verstorbenen, »die Seele des Osiris-Hunefer«; der Verstorbene in Andachtshaltung vor dem Löwenpaar Schu und Tefnet, die »die Sonne beider Horizonte« tragen. Der eine Löwe symbolisiert das Gestern, der andere das Morgen, denn die Seele »ist *gestern* geboren worden und wird *morgen* sein«. »Sie wird das Gestern sein, welches Osiris ist, und das Morgen, welches Re ist«, in der undenkbaren, unbeschreiblichen, ewigen Zeit. – Kapitel 17 des *Totenbuchs. Papyrus Hunefer*

◀ Vignette aus dem *Papyrus Hunefer*: Illustration zu Kapitel 17 des *Totenbuchs*: »Lobgesänge und Ruhm des Aus- und Eingehens in der unterirdischen Welt, die in der schönen Amenti ist«. Von links nach rechts: ein Gott, der am Eingang eines Portals sitzt, Re mit dem Henkelkreuz, zwei weitere Gottheiten, Thot mit dem Auge des Horus und die heilige Kuh Mehurt auf einem Pylon.

◀ Vignette mit einem Ausschnitt aus dem Leichenzug. Von links nach rechts: Zwei Sklaven tragen Gerät herbei, das im Grab hinterlegt wird. Eine Gruppe mit Klageweibern, die offensichtlich ihr Geld wert sind. Ein mit Lebensmitteln für den Leichenschmaus beladener Tisch und darüber das Kalb als Sinnbild der aufgehenden Sonne (Kapitel 109 des *Totenbuchs*) und, als Sinnbild des Himmels, die Kuh mit dem Namen *Sechat-Hor*, die »Milchkuh«. – Kapitel 22 des *Totenbuchs. Papyrus Ani*

◀ Auf der Vignette (von links nach rechts) sitzt der Gott Tum, »der den Tag beschließt«, im Inneren der Sonnenscheibe. In der Mitte ein Altar, hinter dem eine Lotosblume steht, die zur Sonnenbarke zeigt. Rechts Mehit, die »Dame des Himmels«, die auf einem Pylon unter drei Lotosblumen sitzt. Die mittlere ist von einer Kobra umwunden, dem Symbol der Morgenröte und des Feuers. – Kapitel 17 des *Totenbuchs, Papyrus Ani*

Sarg horizontal lag«. Grenzenlos wird sein Jubel sein vor den vier Pforten des Himmels, vor den geheimnisvollen Erleuchtungen des Re, vor der siebenstufigen Treppe, der Schmun-Treppe, die »der Ausdruck der Gesetze der Himmelsmechanik ist, auf die sich die Macht von Schu stützt«*, vor den sieben »aus Luft gewobenen« Gewändern der Isis und vor Nun, dem Weltenkeim, der den Keim aller Schöpfung enthält. Er wird für immer verherrlicht sein – er, der sich vor dem Tribunal der zweiundvierzig Götter gerechtfertigt hat –, wenn er die von Licht-Seelen wimmelnde Amenti vor sich erglänzen sieht. Denn in den Pyramidentexten steht geschrieben, was später – sehr viel später – auch in den heiligen Büchern der orthodoxen Christen stehen wird: »Ruhm und Ehre den Gerechten, denn die Gerechten werden im Paradies erglänzen wie Lichter.«

Das folgende Gebet wurde im Grabmal des Amenemhet gefunden: »Mögen deine Statuen ewig in deinen Heiligtümern stehenbleiben ... Möge dein Körper fest und sicher in deinem Grab in der Nekropole liegen... Möge der Westen sich deiner Schönheit erfreuen ... Mögest du nach Begehr den Berg des Westens betreten und verlassen können und die Pforten der anderen Welt sich weit vor dir auftun sehen ... Mögest du Re anbeten können, wenn er sich im Gebirge erhebt, und mögest du ihn preisen können, wenn er sich an der Schwelle des Horizontes niederlegt ... Mögest du dich für immer an den Gestaden des himmlischen Beckens ergehen, umhegt von ewigen Gärten ...« (Übers. Jean Capart).

* Vgl. E. de Rougé: »Etudes sur le Rituel funéraire des Anciens Égyptiens.« In: *Revue Archéologique* (Paris 1860).

KAPITEL 5

»Alle Wesen entstehen sehen, wie sie nacheinander entstanden sind«

Dank der siebenhundert Zauberformeln kannten die Zeitgenossen der Pharaonen das Geheimnis, wie sie dem »Doppelgänger« des Toten bei seiner posthumen Entwicklung beistehen konnten, sobald er die mit feinen Leinenbinden umhüllte Mumie verlassen hatte. Wie war diese Mumie zugerüstet? Auf der Brust lagen der goldene Brustschild, der die osirische Auferstehung symbolisierte; der Isisknoten aus rotem Jaspis, der das Blut der Isis versinnbildlichte, das ohne Unterlaß in den Körper der Mumie strömte; und der Skarabäus aus grünem Stein, der das Herz des Verstorbenen bedeutete. Ohne Zweifel, zahllose Freuden und Wonnen waren jenen Verstorbenen versprochen, die sich vor dem Tribunal der Götter gerechtfertigt hatten. Offensichtlich wird die Zeit, die man auf Erden verbringt, von den Göttern für etwas Geringes geachtet, für ein winziges Sandkorn in der Wüste. Und doch ist es wünschenswert, trotz der künftigen Apotheosen, so lange wie möglich hienieden zu verweilen und, wie es in einem alten ägyptischen Trinklied heißt, »sich fröhlich mit seinen Freunden um die Bierkrüge zu setzen und nicht daran zu denken, daß man eines Tages als Verklärter in den Himmel kommt, wo es so viele Götter mit einem Tierkopf gibt . . .«

Die Texte der Grabpapyri, die die Darstellungen der Psychostasie begleiten, sind, wie J. Capart schreibt, »in einer geheimnisvollen Sprache verfaßt, deren Rätsel noch nicht völlig entwirrt sind«. Zahlreiche Malereien an den Wänden der Gräber wird man sicher niemals erklären können, wie z. B. den Abstieg der Sonne in die Hölle (Grab Ramses' VI. in Theben). Auf dieser Szene sieht man die Sonne in die Tiefen der Hölle hinabtauchen, die der Künstler durch Grüfte voller Verdammter versinnbildlicht hat. Schließlich enthielten bestimmte Kapitel des *Totenbuchs* auch Anspielungen auf fürchterliche Geheimnisse, die keinem Menschen offenbart werden durften, »denn wer nicht eingeweiht ist, kann die verborgenen Dinge nicht verstehen, auch nicht den *Spruch der verborgenen Wohnstätte*«.

Nur die Götter wissen, woher der Mensch kommt und wohin er geht, so wie es im Kapitel XVII steht, das uns die Worte des Demiurgen enthüllt: »In einem erhabenen, aber äußerst dunklen Monolog erläutert er vor sich selbst, wie und warum er den Menschen und das Weltall geschaffen hat. Er rezitiert das Poem der Weltschöpfung und gibt die Bestimmung der Menschen an: Er wird sie von der Erde in den Himmel führen, wenn sie dem Schöpfungswort zum Sieg verhelfen, indem sie bis zum Tage des Gerichts für das Wahre und das Gute kämpfen.« (A. Moret: *L'Égypte pharaonique.*) Jeder Satz aus dem Gesang des Demiurgen wird wie ein Thema im Gregorianischen Choral exponiert, gleichsam als Rezitativ. Es ist eine Art von mysteriöser Wort-Musik, die nur die Eingeweihten deuten konnten, indem sie den buchstäblichen Sinn aufschlüsselten. Die Theologen gaben dann diesem berühmten Kapitel XVII einen Kommentar »in Gestalt von Fragen und Antworten, die an jede wesentliche Aussage angefügt wurden. Die

Glosse, wenn sie selber dunkel war, bedurfte zuweilen einer zweiten, ja dritten Explikation. Die saïtische Rezension hat uns das Kapitel XVII zusammen mit dem gelehrten Apparat, dem dreifachen Kommentar, überliefert: ein doppelter und dreifacher Kontrapunkt, der als Begleitung zum ursprünglichen Cantus firmus seine blumigen Ornamente spinnt.« (A. Moret, *a. a. O.*) Es folgen die wesentlichen Stellen aus diesem Kapitel XVII des *Totenbuchs*, das, zusammen mit dem Kapitel CXXV – dem Negativen Glaubensbekenntnis – zu den wichtigsten Anbetungshymnen gehört, die man hersagen mußte, sobald der Verstorbene in die Amenti eindrang: »Ich bin der Gott der himmlischen Räume, des Anbeginns der Zeiten und der Formen, als der Weltenraum wie ein

Links Anubis, der an der rituellen Stelle des Schutzes hinter dem Toten steht und ihn beschützt, während dieser selbst seine Eingeweide in einem Holzgefäß herbeiträgt. Die Eingeweide sind, wie die Wirbelsäule, etwas eminent Sakrales. Sie besitzen jene »magische Kraft«, ohne die der Tote seine Persönlichkeit und sein Gewissen im Reich der Duat nicht bewahren könnte. Besonders hat jeder Tote darüber zu wachen, daß ihm seine Eingeweide nicht von den übelwollenden Dämonen gestohlen werden, von denen das Jenseits wimmelt und die immer auf der Suche nach »magischer Kraft« sind. In der Mitte der Vignette sitzt der Verstorbene im Bug der Sonnenbarke und betet Re an. Vor und hinter der Barke klatschende Paviane sowie Isis und Nephthys, die das Anch-Kreuz in der Hand halten. Dieses ist das Symbol der Jahrmillionen einer künftigen Existenz, die den Verstorbenen erwarten. – Nach dem *Papyrus Cadet*

Zwölf Große des Reiches ziehen auf einem Schlitten die Totenbarke mit der Mumie Tut-ench-Amuns. Der umhüllende Schrein wird oben von zwei Reihen Uräusschlangen abgeschlossen; rechts und links stehen auf dem Boot zwei kleine Göttergestalten: Isis und

Nephthys, neben letzterer steht am Bug der schakalgestaltige Gott Upuaut, der den Toten den Weg ins Jenseits öffnen soll. Malerei aus dem Grab Tut-ench-Amuns, Ostwand.

Oben: von links nach rechts: Der Gott der Jahrmillionen (Hah) hält schützend die Hand über den Keim der Generationen, der sich im Grünen See befindet; die Gottheit der beiden Seen; die vielfarbige Ro-Setau-Pforte, die den Zugang zum langen Gang der verborgenen Dinge erlaubt. Dieser führt zu dem von Osiris regierten Reich der Toten; eine weitere Pforte zur Unterwelt; das Uzat-Auge. – *Papyrus Hunefer*

Unten: Links die Kuh Mehurt, das »Auge des Re«; rechts das Grabgerät, das die von den vier Söhnen des Horus bewachten Eingeweide des Toten enthält. *Text:* Kapitel 17 des *Totenbuchs:* »Lobgesänge und Verherrlichung des Ausgangs und Eingangs in die schöne Amenti«. – Vignette aus dem *Papyrus Ani*

Das Geschwisterpaar Isis und Osiris. Isis versinnbildlicht die All-Seele, in der die Welt schwimmt, während die Seele des Toten »der Schweiß sein wird, den Isis vergießt« (*Pyramidentexte*). Osiris trägt die drei Insignien seiner Herrschaft, den Krummstab, die Geißel und den Stab des langen Lebens. Er steht vor einer erblühten Lotosblume, dem Symbol der Wiedergeburt, der Blume, die an dem Ufer des Sees wuchs, an dem Osiris sich niedergelassen hat. Auf dem Lotos die vier Söhne des Horus. – Einleitungskapitel des »Negativen Glaubensbekenntnisses«, Kapitel 125 des *Totenbuchs, Papyrus Ani* ►

Ozean aus unbegrenzter Flüssigkeit war. Nichts hat mich hervorgebracht, denn ich war schon vor aller Existenz geboren. Mit Hilfe der magischen Kräfte aller Namen, mit denen ich gerufen werde, habe ich die himmlischen Hierarchien und den göttlichen Urstoff hervorgebracht, der sich aus sich selber fortpflanzt ... Atum bin ich, und ich habe schon existiert, als es noch keine Spur von Leben im Weltenozean gab. Ich bin es, der den Beginn des Kosmos gewirkt hat, und ich bin es, der sein Ende herbeiführen wird, wenn er ausgestreckt im großen Sarge liegt. Aus dem Nichts habe ich die Quelle von Existenzen sprudeln lassen, die längst schon entschwunden sind, wie die Wellen eines Flusses entschwinden, und in meinem zahllosen Leib trage ich die Existenzen von morgen ... Atum bin ich, und ich weiß, daß die Toten die Ewigkeit in Osiris haben, denn Osiris bedeutet die Ewigkeit und die Unendlichkeit für jene, die gerecht und dienstfertig waren und das Böse von der Erde Ägyptens verjagt haben. Nach der großen Vernichtung, als die Glieder des Osiris in alle Welt verstreut wurden und die Welten zusammenstürzten, habe ich das Gleichgewicht der himmlischen Universa wiederhergestellt, ich habe ihnen ihren Glanz zurückgeschenkt, und ich habe die Geburt des Re gesehen, dessen Licht mein Licht ist ... Atum bin ich, die göttliche Katze von Heliopolis. O ihr gerechtfertigten Toten, die ihr zu euren Lebzeiten gegen den Geist des Bösen gekämpft habt, fern halte ich von euch in der Amenti die Geister mit den langen Messern, die die Diener des Osiris niedermetzeln und in ihren höllischen Siedekesseln kochen! Fern halte ich von den Toten die dämonischen Vertilger der Kadaver und des Verfaulenden, denn ich bin Atum von den Himmelsräumen, Atum vom Anbeginn und vom Ende der Welt!«

Die Toten, die sich in der Welt der Götter auf den Rücken der göttlichen Kuh Mehurt legen und im Schutze des Djed- und des Tet-Symbols stehen, das ihnen Friede und Auferstehung zusichert, alle die Toten, die »unter der glücklichen Erde der untergegangenen Sonne« ruhen, an der anderen Seite des Nils, wo sich in den Fluten so viele strahlende Städte im Angesicht so vieler toter Städte spiegeln – alle, vom Vater über den Sohn bis ins allerletzte Glied der Geschlechterkette, werden sie den mumienförmigen Osiris schauen, den Herrn der Amenti, bis an die Zehen in duftende Binden gewickelt. Jeder von ihnen wird ihm einen Abglanz des Lebens leihen, wenn er sich vor ihm zeigt, und Osiris wird ihm die Ewigkeit schenken. Die Toten werden zu ihm kommen, denn er allein wird sie rechtfertigen, weil er Osiris ist, der Herrscher über ein endloses Weltall, in dem alles zum letzten Male beginnt. »Von nun an wird die Verbindung mit Osiris zu einer mystischen Tatsache; und wie ein Christ in Jesu Christo stirbt ..., starb der Ägypter in Osiris.« (Kolpaktchy)

Osiris, das Auge der Sonne, steht für die bruchlose Kontinuität zwischen den beiden Existenzformen des Menschen, der einen kurz und relativ, nämlich hienieden, der anderen ewig und als einzige nicht scheinhaft oder illusorisch, sondern wirklich. Es gibt keine irgendwie geartete Unterbrechung zwischen der Geburt und der Unsterblichkeit, zwischen den beiden Zuständen, die letztlich nur der Vorwand sind des einen für den anderen. Die ägyptischen Zeitgenossen von fünfunddreißig Pharaonendynastien glaubten nämlich, daß der mit seinem *Ka*, seinem unsterblichen Doppelgänger, erschaffene Körper nicht verwesen oder im Grab der physischen Vernichtung anheimfallen könne, sondern daß der an der Schwelle zum Jenseits niedergelegte Leichnam sich nach den Gesetzen der Metamorphose verwandeln konnte, für die uns die Natur zahlreiche Beispiele liefert.

Wir verfügen nicht mehr über den Schlüssel zu diesen Mysterien. Wir können heute ebensowenig erklären, was es mit dieser geheimnisvollen Verwandlung der Toten auf sich hatte, wie wir verstehen, warum die Mauern des Amuntempels für jene durchsichtig wurden, die die magischen Worte kannten, die »mächtigen Formeln«, die eine unglaubliche Wirkung besaßen. (Die magische Tätigkeit der Einweihungspriester vor viertausend Jahren braucht uns Heutigen nicht lächerlicher oder fragwürdiger vorzukommen als das Treiben der Physiker des 20. Jahrhunderts, denen es gelungen ist, die Materie zu spalten und Anti-Materie zu schaffen. Diese Magie der eingeweihten Priester war der unsichtbare Strahl, der die Seelen in das führte, was wir heute den Tod nennen, d. h. das jenseitige Leben.) Im Reich des Osiris, und weil Osiris der Schutzgott der Verstorbenen war, war es jedem Gerechtfertigten, der von Anubis und von Thot nach der Prüfung der Psychostasie als solcher anerkannt worden war, möglich, »hundert Millionen von Jahren« zu schauen. Zugleich tat er ab, was nach Vergangenheit und Zukunft meßbar war; Formen, Alchimismen und Verkettungen verloren in diesem fremdartigen Kosmos des Todes für ihn ihren Sinn. Er wußte auch, daß es in seiner Macht stand, den Göttern gleich zu werden, die die kosmischen Katastrophen abwendeten, wie sie das babylonische *Gilgamesch-Epos* ebensogut beschwört wie das Kapitel XVII des *Totenbuches.**

* Über die altorientalischen Vorstellungen zur diesseitigen und zur jenseitigen Welt vgl. O. Keel: *Die Welt der altorientalischen Bildsymbolik und das Alte Testament* (Einsiedeln, Neukirchen 1972).

Werden wir jemals den ganzen Umkreis der Gedankenwelt eines solchen Volkes ermessen können, welches davon überzeugt war, daß der Künstler, der mit Zeichenkohle das Gesicht eines Menschen auf die Wand zauberte, damit *Leben erschuf*? Denken wir daran, daß Ramses II. es sich angelegen sein ließ, »den Bauch kundiger Schreiber und Zeichner zu erfreuen, die ihre Hände zu führen wußten, und ihnen jedes Jahrzehnt einmal das Haupt zu salben«. Die Ägypter waren ein Volk, das sogar in jedem Wort, das aus dem Munde hervorging, eine lebendige Form sah. Begreifen wir jemals diesen Surrealismus des Phantastischen, diese faszinierende Dominanz des Irrealen, diesen schaurigen Glanz des Osirisreiches? Wohl kennen wir sie alle, diese Welt des Todes. Aber ist sie für uns ebenso grandios und in sich gefügt wie die, die von den alten Ägyptern vor mehr als fünftausend Jahren erdacht wurde und deren Aufbau erst von den Eingeweihten der Amuntempel, diesen kühnen Entdeckern, enthüllt wurde? Von nun an jedenfalls steigt der gerechtfertigte Tote empor zum Himmel der Duat, aus deren Gründen ihm Orion und, gleich Sternbildern, Plejaden von schimmernden Seelen entgegenfunkeln. Er wird endlich den Stier des Himmels erblicken, und er wird sich von denselben Speisen nähren wie die Götter – er, der drunten im Niltal vielleicht nur ein armer Schlucker war, der sich von selbstgezogenen Zwiebeln nährte – sofern gerade ein Festtag war. Er, der vielleicht zeitlebens im Dunkeln stand, wird teilhaben am strahlenden Glanz des Morgensterns, und alle Pforten des Himmels werden sich vor ihm auftun, weil er die Zauberformeln zu sprechen weiß, durch die sie sich in ihren Angeln drehen ... Er wird mit den Unzerstörbaren verschmelzen, die seit Jahrtausenden umherschweifen. Diese großartige Zukunftsvision, wie hät-

Der königliche Schreiber Hunefer, Aufseher im Palast des Herrn beider Länder, Nordens und Südens, Men-Maat-Re (Regentschaft Setis I., um 1312–1298 v. Chr.), und Aufseher der Herden des Herrn beider Länder. Hinter ihm seine Frau Nascha, Priesterin des Amun-Re zu Theben, die ihm ins Reich der Toten folgt. – *Papyrus Hunefer*

Links in der Mitte die Amenti, über ihr der Falke der aufgehenden Sonne und daneben zwei Gefäße für flüssige und feste Nahrung, die der Tote zu sich nehmen wird. Rechts und links von der Amenti schreitet der Verstorbene in entgegengesetzte Richtung. Das bedeutet, daß er nach Belieben die Unterwelt betreten oder verlassen kann. Rechts sitzt der Verstorbene vor einem Spieltisch. In der Welt der Toten ist sowohl für das leibliche Wohl wie auch für Unterhaltung gesorgt. – Kapitel 17 des *Totenbuchs. Papyrus Hunefer*

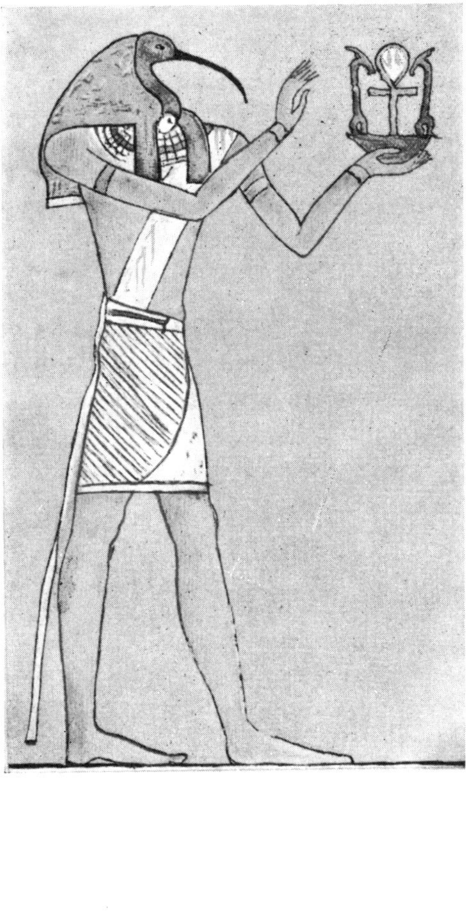

◀

Thot von Hermopolis, Götterschreiber und Schutzpatron aller Schreiber und Magier, Besitzer der Hieroglyphen der verborgenen Krypten und der lebenspendenden Worte, »der seine Nerven dem Seth entriß, um daraus die Saiten seiner Lyra zu machen« (Plutarch). – *Papyrus Hunefer*

te er sie in seiner irdischen Hütte mit den Wänden aus Lehm haben können, er, der zu Lebzeiten so elend und verachtet war, daß er kaum ein rasch verwehter Hauch auf der herrlichen Erde war? Osiris sein! OSIRIS SEIN! Er, der sein ganzes Hab und Gut in zwei schwieligen Händen hätte forttragen können, *er* soll den Glanz des Osiris besitzen, und wenn er sich von ihm lösen wird, wird er zu jenem Stern, den Abertausende von Geschlechtern jahrhundertelang schauen werden, ohne daß sein Strahlen auch nur einen Tag lang nachläßt. In Osiris wird er an den kosmischen Schwingungen teilhaben, er wird den Göttern gleich sein, er wird der Unendliche sein, der lebendig ist wie der Körper des Menschen. Und jeder Gerechtfertigte, der »neben Osiris genährt« ist, wird dessen Same und ewiger Herzschlag sein . . .

Das »Totenbuch« enthüllt uns den Kampf zwischen dem Guten und dem Bösen im Reich der Götter und Menschen

Seth, dessen Sinnbild die Apophis-Schlange ist, ist das Prinzip des Bösen. Er existierte schon, bevor das Licht geboren ward, bevor sich die Bestandteile des Universums vervollständigten und aneinanderfügten, bevor sich die Formen der Schöpfung, die Seelen und die Götter entwickelten, »geboren im östlichen Himmelsstrich aus den Schamteilen der Göttin Nut«, die sich über Orient und Okzident beugt, mit Händen und Füßen die Erde berührend. Seth ist der Feind von Osiris, zugleich aber sein Bruder, so wie Kain der Bruder von Abel ist. So ward uns das Gute und das Böse enthüllt, verborgen im Licht oder schrecklich in der Finsternis.

Die Seelen ersteigen die neun Stufen der Treppe des Aufstiegs. Sie nahen sich Osiris, um vor ihm ihr Bekenntnis abzulegen, bevor sie, im Falle ihrer Rechtfertigung, zur Pforte der Ro-Setau, der obersten Region der Duat, zugelassen werden, in der sie zu Lichtgeistern werden. – (*Texte*: »Ich wandere in die Nacht meines Gerichts.«) In der Barke das »zerstörende Schwein«, der »Verschlinger von Millionen von Jahren«. Es wartet auf die Seelen, deren Herz, d. h. deren Taten auf Erden, nicht die Feder der Wahrheit aufwiegen wird, die Feder der Maat auf der vor Osiris aufgestellten Waage der Sieben Geister. Die verworfenen Seelen müssen in der Barke des Verschlingers der Jahre Platz nehmen. Begleitet von je »zwölf Folterknechten mit grausamen Daumen aus der Scheniu-Kammer«, lernen sie jene unreine Region der Amenti kennen, wo alles vertrocknet und dahinschwindet, die Region der »Nacht des Auai-Feuers«.

Das schauerliche Spiel, das sie miteinander treiben, erkennen wir noch im *Totenbuch*. Denn Gut und Böse befehden sich, seitdem Re zum erstenmal die Erde Ägyptens beschienen hat, seit dem ersten Tag der Herrschaft jener sagenhaften Pharaonen, von denen jeder vierzigtausend Jahre über das Doppelreich der Lilie und des Papyrus regiert hat. Auf dieser Erde, die noch das Gedächtnis von Welteneinstürzen und Kulturzerstörungen, von uranfänglichen Sintfluten und rasenden Götterkämpfen bewahrt, verfolgen Gut und Böse einander quer durch die Reihen der Menschen, und das *Totenbuch* erklärt uns dies sehr deutlich. Die heiligen Texte enthüllen uns auch, daß durch Vermittlung des bedauernswerten Osiris die Toten von ihrem ersten Schritt an in der Amenti gegen die Folterdämonen gefeit sind. Dank Osiris bleiben die Toten völlig unversehrt und ganz, was bedeutet, daß ihre Glieder nicht in der Unterwelt verstreut werden, wie dies einst dem göttlichen Osiris geschah, dessen Körper von seinem Bruder in vierzehn Teile zerfetzt und über ganz Ägypten verstreut wurde. Die Verstorbenen brauchen weder den schlechten Atem noch die Verwünschungen der Verdammten zu fürchten, denn Osiris hat für sie »das Mittel, das Unsterblichkeit verleiht«, erfunden (Herodot).

Die Öffnung des Mundes, der Augen und der Ohren

Durch die theurgische Handlung der Mundöffnung, die mit einem Dächsel, »dem Instrument des Anubis«, einem uräusförmigen magischen Stäbchen, vorgenommen wurde, erlangte der Verstorbene die vitalen Fähigkeiten zurück, die für das »Leben« in der anderen Welt unentbehrlich waren.* Der *kher-heb*-Priester, »der Öff-

* Darüber ausführlich E. Otto: *Das ägyptische Mundöffnungsritual*, 2 Bde. (Wiesbaden 1960).

ner der Pforten des Himmels zu Karnak«, »der Mensch, der bereits im Besitz des Buches ist«, bediente sich magischer Verfahren, um den Verstorbenen zu befähigen, von hinten, durch die Wirbelsäule, die heilige Flüssigkeit zu empfangen, den »schützenden Zauber«, das *san anchu* (man sieht auf Darstellungen häufig Isis im Naos hinter dem Pharao stehen, wie sie die Hand zum Nacken des Königs hebt und ihm durch magnetisches Streichen die heilige Flüssigkeit, das *sotpu sa*, überträgt). Gelegentlich wurde die Öffnung des Mundes auch mit »den Hoden eines geopferten Stieres« vorgenommen (vgl. Lefébure: *Bull. Égypt.*, Bd. II, S. 182). Dieses Ritual, schreibt A. Moret, war womöglich das wichtigste am ganzen Totenkult, gab es der mumifizierten und einbandagierten Leiche doch den Gebrauch der Sprache und die Schöpferkraft des Wortes zurück, ferner Gesicht, Gehör, Geschmack, Geruch und Gefühl sowie den Gebrauch der Arme und der Beine. So findet man denn von der Epoche der Pyramiden bis an das Ende der römischen Zeit in den Gräbern oder auf den Papyri Zauberformeln – gekürzt oder komplett, illustriert oder nicht –, die dazu dienten, »den Mund, die Augen und die Ohren des Verstorbenen zu öffnen«.

Die Riten, mit denen »das Gesicht geöffnet« wurde, das mit einem Netz bedeckt war – letzteres symbolisierte das kosmische Netz, d. h. die Ordnung alles Lebendigen, die zusammen mit dem Weltall erschaffen worden ist –, die Riten der Gesichtsöffnung also werden in der heiligen Stadt Abydos von der Gestalt des Priesters begleitet, der mit beiden Händen die Türen des Naos öffnet, der seinerseits ein verkleinertes Abbild des Weltalls war. »Grab und Naos repräsentieren gleichermaßen den Kosmos, und so ertönt jeweils die gleiche Hymne, wenn man ihre Pforten öffnet, um in ihnen die Statue des Verstorbenen oder seine Mumie niederzulegen.« (Vgl. Schiaparelli: *Libro dei funerali,* Bd. II.)* Nachdem das Opfertier, das die Verwandten und Freunde des Verstorbenen ihm geopfert haben, zerlegt worden war, brachte man der Mumie »Schenkel und Herz der Tiere dar, die dort geopfert worden waren, wo sich die Seele des Toten verbarg« (Schiaparelli: *a. a. O.*).

Der Sohn, der ebenso als Kultpriester der Familie fungierte wie der Pharao als Kultpriester des Himmels, umarmte die Statue oder Mumie seines Vaters. Mit einem Feuer beschien er dessen Kopf oder dessen Grabstatuette, weil die aus dem Horusauge, der Sonne, entsprungene Flamme »brennt, um die magische Flüssigkeit zu spenden«, die in der anderen Welt die Feinde des Verstorbenen zurückwerfen wird. Dann strich man mit dem Herz und dem Schenkel eines Opfertieres über das Gesicht des Toten und schritt danach, mit diesen Fleischstücken und der Hilfe eines göttlichen Instruments in Gestalt einer Schlange, die »der große Zauberer« hieß, zur Öffnung des Mundes, der Augen und der Ohren des Verstorbenen, auf daß dieser den Gebrauch seiner Sprache, aber auch seine inneren Sekrete und Säfte wiedererlange. Nun erst wird, wie man es ihm gesagt hat, seine Seele »bei ihm in seiner Brust sein, wird er – Heil ihm! – seine Gestalt *hinter sich* wiedererkennen«.

Eine rituelle Zeremonie in elf Schritten, ausgeführt vor den »lebenden Statuen der Serdabs«

»Die Zeremonie der Mundöffnung«, schreibt Frau Weymant-Ronday, »diese echte ›Transsubstantiation‹,

* Man vergleiche hierzu auch die Kunstdenkmäler in Edfu und Dendera.

Der schakalköpfige Anubis, Schutzgott der Einbalsamierung, öffnet den Mund der Mumie, dadurch kann die Seele des Toten aus dem Körper entweichen. Hinter dem Gott steht das Osiris-Symbol mit Uräusschlange und Sonnenscheibe zwischen dem Federpaar – verheißungsvolles Zeichen des Weiterlebens nach dem Tode. Grab des Inherchau, Anführer der Nekropolenarbeiter, z. B. der 20. Dynastie.

Ausgebreitete Schwingen des als Falke dargestellten Himmelsgottes Horus, Sohn des Totengottes Osiris und dessen Schwestergemahlin Isis. Die Krallen des göttlichen Vogels enden ringförmig mit abschließender Querleiste (Symbol der Ewigkeit). Deckengemälde aus dem Grab von Ramses IV.

die die Glieder der Statue (die ja den Verstorbenen, seinen Doppelgänger, repräsentierte), geschmeidig machen sollte, zerfiel in eine Folge von Maßnahmen, die sich aus den osirischen und den Sonnenlehren ergaben: 1. Die Statue des Verstorbenen wurde, mit dem Gesicht nach Süden, auf ein Lager aus Sand gelegt, das wie ein Erdhügel geformt war. 2. Die Statue wurde beweihräuchert; dieser Vorgang wiederholte sich mehrere Male nacheinander. 3. Im Namen der vier Götter der Himmelsrichtungen (Horus, Seth, Thot und Sepa) wurde die Statue mit Wasser gereinigt, das in zweimal vier Gefäßen bereitstand. 4. Der Mund der Statue wurde gereinigt, indem man ihr zehn Natronkugeln (fünf für den Süden, fünf für den Norden) sowie fünf Weihrauchkugeln vorhielt. Die Kügelchen lagen in einem kleinen Korb, den der Offiziant auf der ausgestreckten Hand hielt ›und zweimal zum Mund, zweimal zu den Augen und einmal zur Hand der Statue führte, so viele Male, wie er Kügelchen im Korb hatte‹. 5. Am Ende dieser Reihe von Reinigungsriten stand die Beräucherung der Statue mit den Weihrauchkugeln, die man ihr soeben präsentiert hatte. Weiter folgten: 6. die unklare Episode mit der in ein Fell gehüllten Person, die man auf einem Bett schlafend gefunden und aufgeweckt hatte; 7. die Öffnung des Mundes der Statue, die einer der vier Offizianten (die die vier Horussöhne verkörperten) mit seinem kleinen Finger vornahm, wobei er die Statue wie ein Sohn seinen Vater anredete; 8. das Opfer eines Ochsen, einer Gazelle und einer Gans; 9. die Darbringung der Vorderklaue und des Herzens eines Ochsen; 10. der Versuch, der Statue die genannten Teile schmackhaft zu machen, indem man ihr viermal zum Schein mit dem blutenden Fleisch über Mund und Augen strich; 11. die Öffnung des Mundes und der Augen

Rechts die verstorbene Dame Anhai, mit dem Sistrum, dessen Rasseln den Göttern wohlgefällig ist. In der Mitte eine recht selten dargestellte Szene: Die Mumie liegt ausgestreckt auf der letzten Stufe der Himmelstreppe, des Symbols des Aufstiegs der Seele, »die sich in der Stadt Khemmenu befindet«. Zwei Gottheiten mit Widderkopf stehen beiderseits der Mumie. Diese betrachtet die Tiefen des Weltraums, der durch

acht weiße Scheiben auf blauem Grund versinnbildlicht ist. Links Nun, der Gott der Urgewässer. Er steigt aus dem Abgrund empor und trägt die Barke, auf der sich der Sonnenskarabäus Chepre mit dem göttlichen Gefolge der Sieben Götter befindet. Auf Chepre ruht die Welt der Duat, als ockerfarbene Scheibe dargestellt. – *Totenbuch*: »Anrufung des Re und Gebet der Anhai«. *Papyrus Anhai*

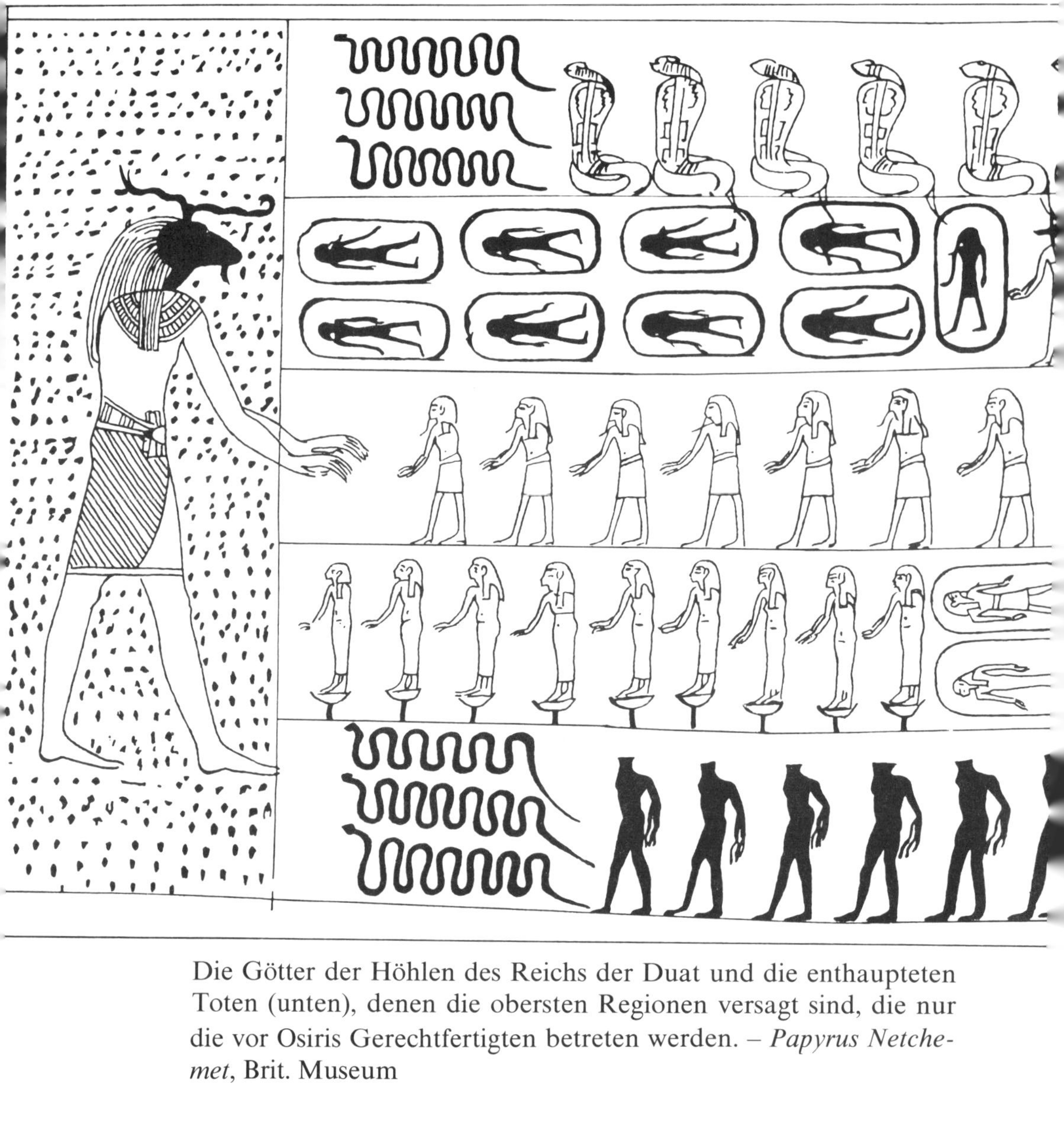

Die Götter der Höhlen des Reichs der Duat und die enthaupteten Toten (unten), denen die obersten Regionen versagt sind, die nur die vor Osiris Gerechtfertigten betreten werden. – *Papyrus Netchemet*, Brit. Museum

der Statue mit verschiedenen Geräten: den Dächseln und dem magischen Instrument *werhi-kau*. Letzteres diente nicht nur dazu, ›den Mund und die Augen des Toten wiederherzustellen‹, sondern auch dazu, ›ihm die Herrschaft über die Götter zu sichern‹. Die Zeremonie

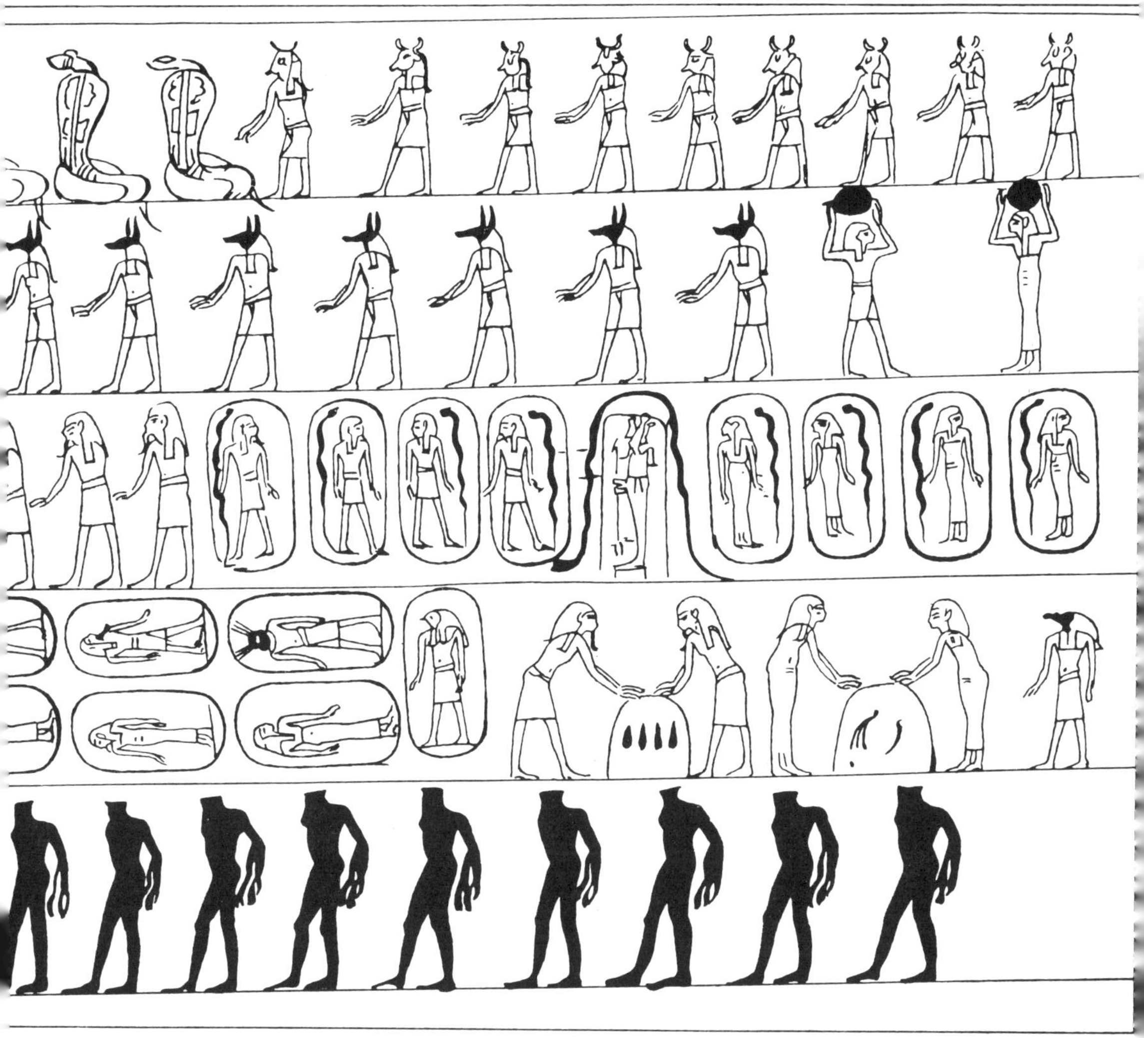

wurde von Sprüchen begleitet, die die beschriebenen Gesten kommentierten. Sobald sie beendet war, begann man sie von vorn.

Die Episode der Mundöffnung wiederholte man, indem man dieses Mal einen neuen Satz von Geräten verwendete: den Eisenmeißel, den Finger aus vergoldetem Silber, den Beutel mit roten Steinen, die vier Kohlestükke usw. Dann rieb man den Mund der Statue mit einer besonderen Masse ein (einer Art Schmalz oder Butter), nachdem man ihn zuvor mit Milch befeuchtet hatte. Man vollzog auch noch einmal das Opfer des Ochsen, der Gazelle und der Gans. Die Zeremonie endete mit der Toilette der Statue: Man bedeckte ihren Kopf mit der *kufiyeh,* reichte ihr Stoffbänder in verschiedenen Farben, parfümierte und schminkte sie und bekleidete sie mit den königlichen Insignien. Zuletzt beweihräucherte man sie und wiederholte diesen Vorgang zu Ehren der Uräus-Göttin und aller Götter Ägyptens. Zum Schluß der Zeremonie wurde eine Mahlzeit aufgetragen, nach der man den Boden aufkehrte, während ›neun Gefährten oder Höflinge‹ kamen, um die Statue feierlich in die Höhe zu heben.« (Zum Thema »lebende Statuen«, *die ja die Körper und ewigen Abbilder der Verstorbenen waren,* in lebhaften Farben bemalt, das Gesicht aufgehellt durch inkrustierte Augen, in Leinen gekleidet und in den Serdabs der Gräber aufgestellt; siehe Jean Capart: *Memphis,* Kap. XVIII.) Diese Serdabs – kleine Nischen, die man in die Kapellen der Mastabas gemauert hatte – nahmen, im Anschluß an die reichlich komplizierten Begräbniszeremonien der alten Ägypter, die »lebenden Statuen« des Verstorbenen auf, im allgemeinen zwei an der Zahl, wobei die eine Oberägypten und die andere Unterägypten repräsentierte. Auf Anweisung der Verwandten des Verstorbenen und je nach der Höhe der von ihnen zu diesem Zweck bestimmten Summe brannten die Priester vor den Statuen regelmäßig Weihrauchkörner ab, deren Duft der Nase des »Ewigkeits-Körpers« wohlgefällig war, und sorgten für die ordnungsgemäße Abwicklung der Opfer, die man dem Verstorbenen schuldete.

Stiftungen auf Lebenszeit versahen die Priesterfamilien mit den zur Aufrechterhaltung des Totenkults erforderlichen Mitteln. Gelegentlich hatte der Verstorbene selber festgesetzt, der wievielte Teil seiner Güter den Priestern zukommen sollte, und »die Konditionen geregelt, nach denen die Benefizien von einer Generation zur nächsten weitergegeben werden sollten.« (J. Capart) Wenn aber, was vorkam, irgendein mit der Sorge für den Toten betrauter Priester oder ein Nachkomme es wagen sollten, den Willen des Toten gerichtlich anzufechten oder zu mißachten, sein Grab zu schänden oder seinen Doppelgänger im Serdab zu entweihen, dann würde ihm dieser mit dem berühmten Tribunal der Götter drohen, die die Herzen der Toten auf der Anubis-Waage wägen.

»Ich lege dir dein Herz in deinen Leib«

Die Zeremonien der *Öffnung des Mundes und der Augen* der Mumie, deren Riten sich auf die ältesten Lehren des alten Ägypten stützen, erlaubten es also dem Verstorbenen, nicht nur seine Seele wiederzufinden, sondern auch den Gebrauch seines Körpers zurückzuerlangen, der aufs neue »von Lebensflüssigkeit durchflossen« ist. Bevor die Mumie des Verstorbenen vor dem Tribunal der zweiundvierzig richtenden Götter und vor Osiris erscheint, der in Ewigkeit *tut anch* ist, wird sie im »Goldenen Saal« von dem schakalsköpfigen Anubis einbandagiert und einbalsamiert. »Horus und Anubis vervollständigen deine Grabbinden. Thot heilt deine Glieder durch die Zaubersprüche seines Mundes«, lesen wir im »Ritual der Einbalsamierung« (vgl. Maspero: *Mémoire sur quelques papyrus du Louvre*). Die sieben Öffnungen im Kopf sowie die natürlichen Leibesöffnungen des Verstorbenen wurden mit den heiligen Geräten und mit Hilfe einer Reihe ritueller Berührungen geöffnet, die

* A. Moret: *Rituel du Culte divin en Égypte* (Paris 1902).

von Zaubersprüchen begleitet waren. Diese lange Prozedur konnte aber auch vereinfacht werden: »Es genügte, ein Herz aus Stein oder Metall darzubringen, dem man mitunter die Form eines Skarabäus gab. Man legte diesen Gegenstand in das Herz des Verstorbenen, nachdem man die Öffnung des Mundes an ihm vollzogen und eines der Kapitel aus dem *Totenbuch* hergesagt hatte. Diese Riten finden sich nebeneinander in einer Redaktion aus dem Grab des Rechmara, die den Titel trägt ›Kapitel, um ihm das Herz des Leuchtenden zu bringen, seinen Mund zu öffnen, ihm mit den göttlichen Opfern seine Gestalt zu geben.‹«* Weiter heißt es: »Ich lege dir dein Herz in deinen Leib, um es an seinen Platz zu bringen. So hat Horus seiner Mutter das Herz gebracht, so hat Isis ihrem Sohn das Herz gebracht.« So wird also der Verstorbene in den Tiefen der Finsternis sehen, begreifen, atmen, hören und sprechen können. Auch die Freuden der Liebe wird er in seiner behaglichen Ewigkeit nicht entbehren müssen. Hierzu dienen weibliche Figürchen, denen man die Beine entfernt hat, damit sie sich den Wünschen ihres ewigen Herrn nicht entziehen können.

Die bildlichen Darstellungen der Reinigungsszenen

Die Zeremonie der Reinigung, die der Öffnung des Mundes und der Augen vorangeht, ist uns recht häufig

Tabernakel mit dem Alabasterschrein, der die Eingeweide des Pharao Tut-ench-Amun barg. Dieser Tabernakel, auf vier Pfeilern ruhend und von einem Sonnenkobra-Fries umgeben, ist vollständig mit Gold belegt. Er wird auf allen vier Seiten von den Totengöttinnen Isis, Nephthys, Neith und Selket geschützt. ▶

beschrieben worden. Auf einer Darstellung, die den Eingang zum Grab des Chonsu in der Nekropole von Theben zeigt, ist zu sehen, daß Sklaven eine Grabstele aufgerichtet haben, auf der magische Formeln eingraviert sind. Vor der Stele verkörpert eine Statue den Verstorbenen. Zwei berufsmäßige Klageweiber jammern vor ihr, während die in das rituelle Leopardenfell gekleideten Begräbnispriester vor dem Abbild des Toten Trankopfer darbringen. Erinnern wir uns, daß die Vermummung des Priesters in das Fell eines geopferten typhonischen Tieres »zu den ältesten Riten des Totenkultes gehört« (vgl. A. Moret: *a. a. O.*). Der allgemeinere Sinn dieses Ritus kommt in dem folgenden, an den Toten gerichteten Satz des »Rituals der Einbalsamierung« zum Ausdruck: »Aus der Haut des Seth, deines Widersachers, hat man dir gute Riten und ein gutes Begräbnis bereitet, auf daß dein Herz sich freue.« – »Sich in die Haut des Opfers zu kleiden, hat schon immer als eines der sichersten Mittel gegolten, sich die positiven Eigenschaften des Opfers anzueignen« (Lefébure: *Le Mythe Osirien*).

Während der Zeremonie der Salbung liest ein Priester aus einer Papyrusrolle die entsprechenden Gebete vor. Die Geräte, die ihm erlauben, »die Augen und den Mund des Toten zu öffnen«, liegen vor ihm ausgebreitet. Wir kennen nur unvollständig die Bedeutung gewisser ähnlicher Szenen, die auf die Wände der thebanischen Gräber gemalt sind, wie etwa die vom Grab des Menna oder des Mentu-ker-chesef. Vor einem Bild, das den Eingang eines Grabes in der thebanischen Nekropole darstellt, haben Sklaven eine Grabstele aufgerichtet, auf welcher magische Formeln eingraviert sind. Vor der Stele stellt eine Statue den Verstorbenen dar; vor diesem jammern demonstrativ zwei berufsmäßige Klageweiber, während die in das rituelle Leopardenfell gekleideten Begräbnispriester vor dem Abbild des Toten die Trankopfer erster oder zweiter Klasse darbringen. Ein Priester liest aus einer Papyrusrolle die entsprechenden Gebete vor. Die Geräte, die es ihm erlauben, der Mumie symbolisch »die Augen und den Mund zu öffnen«, liegen vor ihm ausgebreitet. Was teilen uns die heiligen Texte mit? »Die auf den Osiris- und den Totenkult bezüglichen Texte«, schreibt A. Moret, »belehren uns, daß nach dem Mord an Osiris und dem Aussterben der Menschen die Körper jenes und dieser auf Erden weilten, während die Seele gen Himmel fuhr.«

Die Rückkehr des Toten in den Embryonalzustand und das Zurechtrücken seiner Gebeine

Vor der heiligen Handlung ist jeder Verstorbene nichts anderes als ein lebloser, nackter, verlassener Leichnam. Die Riten aber, die an ihm vollzogen werden, machen aus ihm einen mumifizierten, bandagierten Osiris, d. h. einen *Toten in Osiris*, ein Wort, das in den Litaneien des *Totenbuchs* alle Augenblicke vorkommt. In der archaischen Epoche gab es Spezialisten, die am Eingang der Nekropolen in eigenen, ihnen zugewiesenen Siedlungen lebten. Diesen Unberührbaren war es untersagt, den Nil zu überqueren und bei den Lebenden zu wohnen. Sie waren es, die von den Skeletten der Toten die Gliedmaßen abtrennten, das Fleisch ablösten, die Eingeweide herausnahmen und die Toten dann einbalsamierten. Die Salbung mit dem »mit Honig untermischten Feiertagsparfüm« erleichterte die Rekonstruktion des Skelettes und die rechte Zuordnung des Fleisches. Nachdem nämlich das Skelett von den in dieser Kunst bewanderten Fachleuten auseinandergenommen worden war, mußte man es auch wieder zusammensetzen, und zwar so vollständig wie möglich und ohne daß man Körperteile von einem anderen Toten entlieh. Man mußte die Gebeine zurechtrücken und dem Ganzen jenes embryonale Aussehen geben, das jede Kreatur vor dem Geborenwerden hat. Die Zeremonien der Zurechtrückung der Gebeine riefen jedermann ins Gedächtnis, daß Osiris als erster die Zurechtrückung seiner Gebeine und ihre Einbalsamierung durch Horus, Thot und Anubis erlebt hatte. Dieses bedeutsame Ereignis wurde in ganz Ägypten mit viel Aufwand gefeiert, wobei man in den Tempeln das *djed*-Symbol als Verkörperung der göttlichen Wirbelsäule aufstellte. Später trat dann an die Stelle dieser etwas makabren Zerlegung des Skeletts die Mumifizierung, die mehr Rücksicht auf die Unversehrtheit des Körpers nahm. Die alten Zaubersprüche indessen, die man bei diesen Zeremonien gesprochen hatte, behielt man beim Begräbnisritual bei.

»Aus den Tränen seines Auges hat Re das Fleisch des Menschen geschaffen«

Die Seele des Verstorbenen aber kehrte zu den ewigen Quellen des Lebens und des Lichts zurück, und diese befreite Seele hieß *ba*, »der Geist«; *ka*, »der Doppelgänger«; *sechem*, »die Gestalt«; oder auch *habit*, der Schatten; *ren*, »der Name«. Die Seele wurde zum Auge des Himmelsgottes Horus. Doch sie mußte auf der Hut sein! In der Ur-Hölle begegnete ihr der schreckliche Seth, um sie zu verfolgen und zu plagen. Sein Atem ist unzertrennlich mit allem verbunden, was auf Erden lebt

Osiris thront über den Gewässern, in den Händen Krummstab und Geißel. Hinter ihm Isis und Nephthys, vor ihm eine erblühte Lotosblume mit den vier Söhnen des Horus, den »Göttern der vier Himmelsrichtungen«; über ihnen das geflügelte Uzat-Auge. Osiris ist mit der weißen Krone des Südens abgebildet, an der sich zwei Straußenfedern befinden. Diese Ureret-Krone symbolisiert das weiße Licht der Sonne um die Mittagszeit, das »weiße Gold«. – Kapitel 125 des *Totenbuchs*: »Negatives Glaubensbekenntnis«. *Papyrus Hunefer*

Oben: Götter und magische Figuren. – Vignette aus dem *Papyrus des Amunpriesters*, Louvre ▶
Unten: Die Seele des Verstorbenen. – Kapitel 110 und 151 des *Totenbuchs*, »Beschreibung der Gefilde der Seligen«. *Papyrus Ani*

und stirbt. »Unter dem Schirm der Horusaugen wird der Verstorbene imstande sein, die ewige Umschiffung vorzunehmen, die ihn immer wieder neu gebiert wie die Sonne.«* – »So symbolisiert also«, erläutert S. Mayassis, »das Horusauge das Licht der Seele, das seinen Ursprung dem Licht der Sonne verdankt, mit ihm existiert, aus ihm hervorgeht und mit seinem wahren Licht eins wird ... Die Augen des Horus haben alle Menschen und Dinge geschaffen. Als die Augen des himmlischen Gesichtes den Kosmos *erblickten*, hat er existiert. Die Strahlen der Sonne haben, als ein Meer von Tränen, das Weltall überschwemmt. Das Wasser aus den Augen des Horus hat alles entstehen lassen, was den Menschen und den Göttern notwendig ist ... So hat das Licht, das aus der Sonne als dem Horusauge hervorging, alles Wirkliche geschaffen.« Und so ist alles, was hienieden lebt, diese Vielfalt von Kreaturen, die geboren werden, um zu sterben, den Pupillen des Re entstürzt, zugleich mit dem befruchtenden Ur-Licht. Denn es steht geschrieben, daß »Re das Fleisch des Menschen mit den Tränen seines Auges erschaffen« hat. »Jede Seele schwingt sich zum Himmel empor«, fügt Mayassis hinzu. »Sie will eins werden mit dem Licht, mit der Sonne, mit der göttlichen Weltseele, die in der Sonne wohnt, deren Emanationen alles Lebendige beseelen.

Die Weltseele, die *Seele der Seelen*, ist die Quelle des Lebens aller Kreaturen. Sie ist das Göttliche selbst, die

* G. Jéquier: *Considérations sur les Religions Égyptiennes* (Neuchâtel 1946).

geheimnisvolle Seele, die die Götter erschafft, welche ihre Form und Manifestation sind.« Diese Weltseele ist das Auge des Horus, und der Verstorbene gilt nur dann als »gerecht in seiner Stimme«, wenn er im Besitz dieses Lichtauges ist, das ihn den Göttern gleich macht und ihn mit jener magischen Flüssigkeit erfüllt, die ihn ewig macht, ihn reinigt und parfümiert. Der Wohlgeruch des Horusauges nämlich ist der Geruch der Götter. Das ist der Grund, weshalb die Begräbnispriester die Statue des Toten feierlich parfümierten, auf daß der Tote seinerseits ein Lichtgeist werde. »O Osiris-Toter«, psalmodierte der Priester, »ich lege in dein Auge, das der Priester geöffnet hat, das Licht des Horusauges ... O Osiris-Toter, ich lege auf dein Haupthaar das Licht des Horusauges ...« – »O Amon-Re«, übersetzt Moret, »ich habe das Auge des Horus für dich bereitet. Sein Wohlgeruch steigt zu dir empor. Der Duft des Horusauges ist es, der dir entgegenschlägt, Amon-Re, der du das Harz liebst ...« Das ist er, der Priester, der die himmlischen Wohlgerüche beschwört, den Duft der Myrrhen, den Weihrauch der Götterschreine.

KAPITEL 6

Die Eingeweihten wußten, daß der Mensch aus sechs Elementen besteht: drei materiellen – seinem Leib, seinem Namen und seinem Schatten – und drei überweltlichen – den Elementen anch, ba *und* ka.

Die Ägypter glaubten, daß in den beiden Wochen des abnehmenden Mondes der Geist des Bösen, Seth, in Gestalt eines schwarzen Ebers das Auge des Horus verschlang. Er fing es in seinen Netzen ein, wie der Fischer den Mondfisch mit dem riesigen, perlmutterfarbenen Bauch einfängt, und warf das geheimnisvolle Auge, das über das Totenreich wacht, den Nilpferden oder auch den tückischen Krokodilen zum Fraß vor, die wie ein Lichtstrahl aus den Tiefen des Nils emporschießen. Deshalb glaubten die Ägypter, daß die Seele des Osiris wie die Seele aller Toten, nachdem sie in das Horusauge eingegangen war, erst dann wieder in den Leib, den sie verlassen hatte und der mumifiziert worden war, würde zurückkehren können, nachdem sie während der ganzen Dauer des Einbalsamierungsrituals eine Reihe von Abenteuern erlebt hatte, die denen der Horusseele entsprachen. Deshalb machten sich, sobald die Mumie auf dem Boden des Grabes oder des Tempels aufgestellt war, die Priester – d. h. Horus, seine Gemahlin Isis, seine Schwester Nephthys sowie Thot und Anubis – auf die Suche nach dem Horusauge, in dem sich die abwesende Seele aufhielt. An dieser Stelle freilich fehlt uns der Schlüssel zu den antiken Mysterien, der Sinngehalt dieser Symbole. Wir werden nie erfahren, in welcher äußerlichen Verkleidung diese Seelen einem magischen Kosmos entgegeneilten, oder dank welcher Kräfte der Finsternis oder des Lichts sie zu Auserwählten wurden, zu milliardenfach im Weltenraum verstreuten Trägern des Guten oder des Bösen, wie es die in ewigen Wirbeln verlorenen Planeten sind. Diese »Suche nach dem Auge des Horus«, diese Suche nach dem Licht endete, wenn es dem Offizianten gelungen war, einen Ochsen oder eine Gazelle, deren Leber und Eingeweide die Leber und die Eingeweide des bösen Geistes Seth waren, bei den Hörnern zu packen. Das ist also die Erklärung für die übliche Szene, in der vor der Mumie des Verstorbenen ein gehörntes Tier geopfert wurde.

Wenn das Tier durch einen Halsschnitt ausgeblutet und aufgeschnitten war, durchsuchte der Priester den noch warmen Leib und prüfte die feucht-glänzenden Gedärme, um das *nicht verdaute göttliche Auge des Horus* wiederzufinden. In diesem Auge war ja die Seele des Toten verborgen, und indem er diese den Eingeweiden des Opfertieres entriß, gab der Begräbnispriester sie dem Verstorbenen, oder vielmehr seiner Mumie, zurück, und *damit auch seinen Schatten, seine Gestalt und seinen Namen,* deren der Verstorbene bedurfte, um vor den Totenrichtern zu erscheinen. Man nannte diesen Vorgang die Seele dem Körper »anrechnen«, »dem Seth das Auge entreißen«, denn die Zauberin Isis war die erste, die entsprechend den Riten des Gottes- und des Totenkultes das Auge des Horus unermüdlich gesucht und nicht geruht noch gerastet hat, bevor sie es fand. »Die Rückgabe des Auges, d. h. aber der dort weilenden Seele, an den Leichnam ging mit feierlichen Riten einher: Man trug ein Herz zu der Mumie, man brachte ihr ihre Statue und ihren Schatten, und der

Sohn des Toten umfaßte die Statue oder die Mumie mit beiden Armen und umarmte sie, um ihr sein Leben mitzuteilen« (A. Moret: *a. a. O.*).

Seit Anbeginn der Zeiten fanden die Ägypter das Leben an den Ufern des Nils sehr kurz und vor allem trügerisch. Gewiß, als kluge Genießer wußten sie seine Vorzüge und Freuden zu schätzen, ebenso den Komfort, den sie im »Haus der Ewigkeit« wiederfinden würden. Aber sie wußten auch, daß das einzige wirklich wahre Leben das ewige Leben war, und daß dieses Leben für sie in dem Augenblick beginnen würde, wo sie – im Verlauf der geheimnisvollen Zurückgewinnung der Gestalt hinter den zwölf Pforten der Totenwelt – in der Unterwelt zum zweitenmal geboren würden; denn sie würden von der parfümierten Mumie so geboren werden, wie sie einst aus dem Mutterleib geboren worden waren. Sie würden mit einer gerechtfertigten Seele wiedergeboren werden, so wie sie einst mit ihrem *ka* geboren wurden, d. h. ihrem Doppelgänger, ihrem anderen Ich, das allein der Tod zu identifizieren vermochte, trotz aller Trugbilder und Metamorphosen. Das *ka* war ihnen einst, gleichzeitig mit ihrer Gestalt, vom Großen Bildner Chnum verliehen worden, der auf seiner Töpferscheibe das Weltenei geformt hat.

Die Eingeweihten wußten, daß sich der Mensch aus sechs Bestandteilen zusammensetzt: drei materiellen – dem Leib, dem Namen und dem Schatten – und drei geistlich-überweltlichen, nämlich den Elementen *anch, ba* und *ka*. Das *ka* war unvergänglich und unsterblich. Es haftete ihnen wie ihr Schatten an, auf Erden nicht anders als in den Abgründen und Einsamkeiten der Duat. Auch konnte man gemeinhin sagen, daß jeder Mensch, sobald er das Licht der aufgehenden Sonne erblickt hatte, »mit seinem *ka* wandert«. Sicher, niemand

Der Pharao ist in eine der zwölf Regionen der unterirdischen Welt abgestiegen, die bevölkert wird von Mumien, Göttern und verdammten Seelen, die das Licht fliehen. Es ist die Welt der geheimen, finsteren Duat, die untere Hemisphäre, die von der Himmelsgöttin Nut erschaffen wurde und jenen geheimnisvollen Raum darstellt, der den westlichen Horizont des Himmels mit dem östlichen verknüpft. – Theben, Grabmal Ramses' IX. Luksor

hat dieses unsichtbare andere Ich je sehen oder berühren können, das in ihm war wie die Luft in seiner Lunge oder wie das Denken, das aus seinem Blick leuchtet und seine Rede beseelt. Dieses *ka*, das die Seele und das Fleisch eines jeden Menschen verdoppelte, war genauso kostbar wie das Leben, dessen Stütze es in gewisser Weise war. Es besaß die Kraft einer Wesenheit, die unzerstörbar ist, seit die Schöpfung zum erstenmal von Pavianen erkannt und angebetet worden ist, die mit erigiertem Phallus die Sonne begrüßten. Dieses ewig unwandelbare *ka*, das dem Toten die Kontinuität seines jenseitigen Lebens sicherte, den Halt seiner unsichtbaren Existenz bildete und ihm wie ein Bruder ähnelte, finden wir in Gestalt von Figürchen allenthalben in den Gräbern wieder. Die Lebenden versäumen niemals, es anzurufen, denn es ist furchtbar: »Möge dein *ka* leben«, sagen sie zum Toten, »und mögest du Millionen von Jahren erleben, die Liebe zu Theben im Herzen und das Gesicht zu den Lüften des Nordens gewandt.«

Obwohl unvermeidlicherweise, wie Henri Frankfort unterstreicht, »jede Übersetzung unsere persönliche Auffassung in einen geistigen Bereich hineinträgt, den unsere Gedanken nicht durchschritten haben«, mag man die folgende Deutung doch als gültig betrachten: Das *ka* der alten Ägypter gestattete ihnen, sich – als Lebende oder als Tote – einzufügen in den ewigen Gang des Kosmos, in dem unser Planet nur ein winziges Stückchen ist. Dieses *ka*, dieses Ich, das uns nicht erscheinen kann, geht bei jeder Geburt in dieser und der jenseitigen Welt in den Körper ein und verläßt ihn wieder, um jenem Kosmos zurückerstattet zu werden, dem es entstammt und der es hervorgebracht hat, am Anbeginn der Zeiten und für alle Ewigkeit. Das *ka* ist der *nephesch*, der Lebenshauch des Alten Testaments, der

▲ »Die neunte Stunde im Buch der Duat«. – Theben, Grabmal Sethos' I., (um 1312–1298 v. Chr.)

▼ »Die neunte Stunde im Buch der Duat«. Die Prozession der heiligen Widder. – Theben, Grabmal Sethos' I.

schützende, transzendentale Genius, den der Mensch verehrt und »den er rühmt Tag für Tag; denn sein Herz ist vergnügt in seinem *ka*«.

Wie der Benu-Vogel die Seele des Osiris trägt, so trägt die Vogel-Seele des Toten dessen Antlitz

Was ihre Seele betraf, so stellten die Ägypter sie sich in Gestalt eines Vogels mit dem Antlitz des Verstorbenen vor. Im Augenblick des Todes verließ diese geflügelte Seele den Körper, der vorübergehend ohne *ka*, d. h. ohne Leben war, und entwich in die Schächte der Mastabas. Sie kehrte wieder zurück, um ihr vertraute Orte aufzusuchen. Man konnte sie auf den Ästen der Sykomoren oder in den Gärten an den Ufern des Nils sehen. Sie behielt die Erinnerung an elementare Bedürfnisse, vermochte aber weiterhin zu reflektieren, zu urteilen und zu entscheiden. Sie blieb dynamisch und erlebnishungrig in dieser fremdartigen Welt, die nun, nach den rituellen Reinigungen, für immer die ihre geworden war. Diese Seele aber, der paradiesische Freuden verheißen waren, mußte man nähren und mit Opfergaben mästen, denn ihre Existenz im Jenseits hing von der Pietät und der materiellen Fürsorge ab, die die Lebenden ihr angedeihen ließen. Unglück über jene Lebenden, die so gern ihrer Pflichten gegen die Seele der Toten vergessen! Unglück über jene, die an der Qualität der geschuldeten Speisen und Amulette sparen! Wohlan, ein dreifacher Fluch sei wie ein verhexter Stein vor die Türen jener geschleudert, die sich der in die Berge des Westens entschwundenen Verstorbenen nicht mehr erinnern mögen; denn die ausgehungerte Seele der Toten kann in ihre irdische Wohnung zurückkehren und jene vor Entsetzen aufschreien lassen, die verpflichtet sind, sie zu ernähren, von Generation zu Generation! Und Unglück über jene, die die Seele der vergessenen Toten zum göttlichen Schakal werden sehen, der unter den Tamarisken hervorkommt oder seine Klage in das Schweigen der Nacht hinausruft, der große Vogel, der von der anderen Seite des Nils kam, der *Benu*-Vogel mit der Seele des Osiris, der Vogel der Teiche, der über den Leichen schwebt und in die Schächte des Grabes fliegt, um seine Mumie einzuholen, der schöne Totenvogel mit dem Menschenkopf und den Menschenhänden.

Geographie des Totenreiches

Die Ägypter stellten sich vor, daß das Totenreich ähnlich der Welt war, in der sie lebten, d. h. Ägypten. Durch einen langen Strom geteilt, der in der Mitte eines dreißig Kilometer breiten Streifens urbaren Landes dahinfloß, umfaßte diese Unterwelt, die *Duat*, zwölf Regionen, so wie das Ägypten der Pharaonen, »das Doppelreich der Lilie und des Papyrus«, in zwölf Gaue oder Provinzen zerfiel. Jede dieser zwölf Regionen der Unterwelt entsprach einer der zwölf Stunden der Nacht. Sie waren voneinander durch mächtige Pforten getrennt, an denen sich aufbäumende Schlangen und feuerspeiende Uräi Wache hielten, die hinter einem Durchlaß versteckt waren und darauf achteten, sich nicht von ungewöhnlichen Toten überraschen zu lassen. Aus diesem Grund heißt das *Totenbuch* auch *Buch der Pforten*. Diese zwölf Regionen der unteren Welt werden von einer unvorstellbaren Zahl von Göttern, Geistern und gewöhnlichen Toten bevölkert. »Jene, die ihr ewiges Leben neben Osiris oder Ptah verbrachten, litten keine positive Qual, sondern dämmerten in der Finsternis in einer Art Erstarrung dahin, aus der sie nur die Ankunft der Barke (der Sonnenbarke, deren nächtliche Reise sie durch die zwölf Regionen der Duat führte) zu reißen vermochte. Sie begrüßten die Barke, wenn sie bis zu ihnen gedrungen war. Sie waren lebhaft und munter, solange sie von ihr beschienen wurden. War aber die Stunde verstrichen, so seufzten sie auf, je weiter sich die Helligkeit von ihnen entfernte.« (Vgl. A. Moret: *L'Égypte pharaonique*; Maspero: *Les Hypogées royaux.*) Alle diese Seelen waren keineswegs unglücklich. Jene, denen dank ihrer Kenntnis der Zaubersprüche der Zutritt zur Sonnenbarke erlaubt war, konnten Re bei seiner nächtlichen Kreuzfahrt begleiten und mit ihm in Glanz erstrahlen, wenn er in den ersten Stunden des Tages wiedergeboren wurde. Sie konnten sich mit Re in die Unendlichkeit des blauen Himmels über Ägypten erheben. Sie konnten gleichzeitig mit seinem Gesicht und seinem Strahlen verschmelzen, ihm beim Kampf gegen die Apophis-Schlange, den ewigen Feind der Sonne, helfen, jede Nacht mit ihm aufs neue die gemächliche Fahrt durch das unterirdische Reich der Toten mit dem grünen Gesicht antreten oder in den Tiefen der Duat die göttliche Barke an einem Tau ziehen, das aus einer lebendigen Boa bestand, dem Symbol des Gottes, der die Feinde des Lichts vor Re verjagte.

Die zwölf Stunden des Buches der Duat

Wie fremdartig muten uns doch diese Litaneien des *Totenbuchs* an, die uns den Verstorbenen zeigen, wie er mit Kennerschaft sich der Sterne des Himmels bemächtigt. Und wie glücklich waren alle diese Toten,

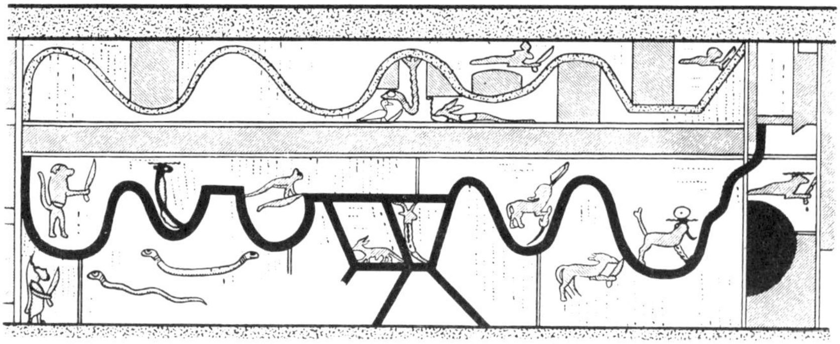

Wir sehen hier eine der Jenseits-Regionen, nämlich die Ro-Setau, die aus zwei gewundenen Wegen – der eine aus Feuer (unten), der andere aus Wasser (oben) – und dem dazwischenliegenden Feuersee besteht. Pforten, Ungeheuer und übelwollende Geister sind die Hindernisse, über die die Seele im Verlauf ihres Durchgangs durch die Ro-Setau triumphieren wird. Sie wird diese Region der unteren Welt durch die Feuerpforte (schwarzer Halbkreis, *rechts*) betreten, vor der ein mit einem Messer bewehrter Gott Wache hält. Dann muß sie sich den Weg in die Ro-Setau öffnen, den »Weg der geheimen Dinge«. Erst wenn die Seele die Prüfungen bestanden hat, die in Ro-Setau ihrer harren, ist sie wieder frei (*oben rechts*). Strahlend und geläutert wird sie »in die Ewigkeit hineingeboren«. Schließlich geht sie in die Region *Anru-tef* ein, die Region der Seligen. – Karte der *Ro-Setau*, nach dem *Buch der beiden Wege*

In der Grabkammer, dem »Goldenen Saal« des Pharao Tut-ench-Amun, liegt die mit Blattgold bedeckte Mumie des Herrschers in ihrem Granitsarkophag und wohnt, in den Tiefen jener Welt, die uns unsichtbar ist, ihrer eigentlichen Auferstehung bei. An der Wand rechts die Göttin Nut, die »Mutter der Seelen, die Duat gezeugt hat«. Sie empfängt jeden, der in Osiris verstorben ist, und macht sich bereit, dem Pharao, der wiedergeboren werden wird, »durch die Nasenflügel die Gesundheit und das Leben zu verleihen, damit er die Jahrmillionen seiner Existenz leben kann, die er zu leben hat«. Die zweite abgebildete Figur ist das *ka*, der »Doppelgänger« des Verstorbenen, das in der linken Hand das Henkelkreuz, den »Schlüssel zum ewigen Leben«, hält und dem Pharao mit dem gestreiften *nemes* auf dem Kopf dabei hilft, den mumiengestaltigen Osiris, links, zu halten.

für knapp fünfhundert Jahre den Weltenraum durchstreifen und nach allen Seiten hin ausmessen zu können. Wurde der edle Thebaner – Thebaner und edel zu seinen Lebzeiten – unversehens zum »Ergreifer der Köpfe« der heiligen Texte, wirklich zum Koch der Eingeweide jener, die er bei zufälligen Begegnungen im Unendlichen erhaschte, da doch in den Pyramidentexten geschrieben steht, »daß die Toten sich an den Kesseln der Nacht die Bäuche füllen«? Wurde er unversehens, vor den unbeteiligten Göttern, zum Ebenbürtigen der »Großen des nördlichen Himmels«? Denn er besaß von nun an das Wissen der Götter der Tiefe und der Götter der Höhe an sich selbst, so wie die Materie sich an sich selbst besitzt. Er wurde im Schöpfungslicht und in den tiefsten Abgründen all dessen, was sich bildet, um sich zu vermehren, unvergänglich, so wie im Denken und für das Auge der Sterblichen die Sterne unvergänglich sind, die über Ägypten strahlen. Würde er im Paradies in jenem Geier mit der schwellenden Brust seine Mutter wiedererkennen, bei der er wieder, anders als auf Erden, zum Kind werden konnte, das in Ewigkeit nicht entwöhnt werden wird?

Was ist die wahre Bedeutung, die magische Erklärung für all diese Visionen, die den Verstorbenen verheißen sind? In den Pyramidentexten wird erläutert, daß die, die tot sind, nicht fürchten müssen, »eines Tages zum Verzehren ihrer eigenen Exkremente gezwungen zu sein, denn bei den Göttern, mit denen sie nun eins sind, herrscht Überfluß an Speise, an Fleisch und an Bier«.

In den Pyramidentexten steht geschrieben, daß die Toten, wenn der Totenfährmann sie in seine Barke steigen läßt, an Reinheit zunehmen, weil sie wissen, daß sie nun bald Osiris gleich sein werden und ihre Glieder zurückerhalten, wie Osiris sie zurückerhielt. Hierüber schreibt das *Totenbuch* ausdrücklich: »Jeder wird dann (im Jenseits) sein Herz, seinen Geist, seinen Mund, seine Füße, seine Arme und seinen Phallus besitzen.«

Wie fremdartig muten uns diese Litaneien des *Totenbuchs* an. Hören wir den Bericht von der nächtlichen Reise der Sonnenbarke durch das Reich der Toten: »In der ersten Stunde des ›Buches der Duat‹, der ersten Stunde der Nacht, bemerken die Toten, von Schrecken erfüllt, den Drachen, der den Eingang zur Hölle bewacht und gewaltig Feuer speit. Wenn die Toten klug sind, tragen sie schützende Amulette bei sich, und wenn sie die Zauberformeln kennen, wird es ihnen gelingen, die Wachsamkeit des furchtbaren Zerberus der Unterwelt zu täuschen und sich wohlbehalten zwischen den Windungen des Ungeheuers ihren Weg zu bahnen. Dann dringen sie durch die Pforte des Westens in die erste Region des Jenseits ein. In der zweiten und dritten Stunde passieren die Toten die *Anrutef*-Pforte, die Pforte zum Reich der Seelen, und entdecken die kalten Zonen in den Regionen des Uernes und des Osiris. Sie begrüßen die widderköpfige Sonne, die vom Westen gekommen ist, der Grenze des Reichs der Lebenden für jene, die noch den Lebenshauch und eine weiße Haut besitzen, nicht eine grüne. Die Verstorbenen erweisen der Sonne die Ehre, die zum Leichnam, zu ›ihrem Fleisch‹, geworden ist, nachdem sie die Barke des Tages verlassen hat, um in der Barke der Nacht die gemächliche Reise durch die zwölf Regionen der Unterwelt anzutreten, bevor sie unter den Augen des Sphinx wiederaufersteht, wie sie es jeden Tag seit Anbeginn der Zeiten getan hat. In der vierten und fünften Stunde schauen die Gerechtfertigten, wie die Sonne die geheimen Höhlen des Sokaris passiert, des alten Totengottes mit

In der ersten Stunde der Nacht sehen die Verstorbenen die Schlange, die mit Macht aus dem Feuer hervordringt. In der zweiten und dritten Stunde begrüßen sie die Sonne, die vom Westen gekommen ist, der Grenze des Reichs der Lebenden für die, die eine weiße, nicht eine grüne Haut haben. Sie preisen die Sonne, die die Barke des Tages verlassen hat, um in der Barke der Nacht ihre Reise durch die zwölf Regionen der Duat anzutreten. In der vierten und fünften Stunde schauen die Verstorbenen die Sonnenbarke im Reich des Sokaris, des alten Totengottes mit dem Gesicht des Falken vom Gau Memphis. In der sechsten Stunde schauen die Verstorbenen Tausende von Vogelseelen, sie schauen Chepre, und sie schauen die mit Dolchen bewehrten fünfköpfigen Drachen. In der siebenten Stunde stehen die Verstorbenen vor Isis und beobachten,

wie die Feinde des Osiris enthauptet und gefesselt werden wie Asiaten, während die Apophis-Schlange mit ihren Windungen das Wasser unter der Sonnenbarke wegtrinkt, um ihre Fahrt auf den Gewässern zu behindern. In der achten Stunde vernehmen die Verstorbenen das »Miauen« der Auferstandenen, die aus ihren Häusern unter der Erde hervortreten, um die Sonne zu preisen und ihren Glanz zu schauen. Von der neunten bis zur elften Stunde sehen die Verstorbenen, wie aus dem Seil, das zum Ziehen der Barke auf ihrem nächtlichen Kurs gedient hat, eine Schlange wird, während an die Stelle der Sonne ein Skarabäus tritt. Schließlich, in der zwölften Stunde, sehen die Verstorbenen, wie die Sonne in Chepre wiedergeboren wird, bevor sie mit ihrem Glanz das Universum der Lebenden überstrahlt. – *Papyrus Chonsuanth*: »Das Buch von der Unterwelt«. Louvre

dem Gesicht des Falken vom Gau Memphis. Die Finsternis ist dort wie das Wasser in den Tiefen der Meere, und Re vermag jene nicht mehr zu sehen, die dort sind. Unterdessen können die Toten, die klebrig wie Schlamm sind, seine Stimme hören, während er Befehle erteilt. Die heilige Barke wird dann weiter durch die Finsternis des Sokaris gleiten und sich dort in eine lange Schlange verwandeln, die in dieser gräßlichen Höllennacht nahezu unsichtbar ist.

In der sechsten Stunde werden die Toten Tausende von Vogelseelen und fremdartige Göttinnen sehen, die die Pupillen der Augen des Horus in den Händen tragen. Sie werden Chepre, den Skarabäus, und fünfköpfige, mit Dolchen bewehrte Drachen erblicken. In der siebenten Stunde stehen die Toten vor Isis, die ein gerechter Zorn gegen die Dämonen gepackt hat. Sie schauen die Feinde des Osiris, die von löwenköpfigen Göttern enthauptet und wie Asiaten gefesselt wurden. Sie schauen die Rückseite des irdischen Firmaments und die Apophis-Schlange, die den siebenten Kreis der Hölle mit ihren schleimigen Windungen erfüllt und das Wasser unter der Sonnenbarke wegtrinkt, um ihre Fahrt auf den Gewässern zu behindern. In der achten Stunde werden die Toten voller Freude den Lärm, das ›Miauen‹, der Auferstandenen vernehmen, die aus ihren Häusern unter der Erde hervortreten, um die Sonne zu preisen und ihren Glanz aufs neue zu schauen.

In der neunten bis elften Stunde durchschreiten die Toten das Wasser und das Feuer jener höllischen Welt, die in den Texten Agarit genannt wird. Die Ruderer verlassen jetzt die Sonnenbarke und beziehen wieder ihre geheimnisvollen Höhlen. Das Tau, das zum Ziehen der Barke auf ihrem nächtlichen Kurs gedient hat, verwandelt sich in eine Schlange, und ein Skarabäus setzt

Der Gott Horus und der Pharao Horemheb (Grab des Horemheb, Tal der Könige)

Die »Mastaba« des Ti in Sakkara. Innenraum der Kapelle mit einer Scheintüre, in der eine Statue des Ti steht

sich neben der Sonne nieder. In der zwölften und letzten Stunde endlich werden die Toten die Sonne schauen, die, bevor sie wieder die Welt der Lebenden bescheint, in Gestalt eines Skarabäus neu geboren wird. Nut wird jene neue Sonne gebären, ›die zwischen ihren Schenkeln hervorkommt, aus ihrem Schamhügel erscheint‹. Mögen sich die Toten nun freuen und die Lebenden sich erheben, um das Licht zu schauen; denn aus dem Schoß der Hölle ist die Totensonne wieder zu Chepre, dem Gott der Morgensonne, geworden, zum neuen Gott, der nach so vielen Drangsalen und Metamorphosen in den zwölf Regionen der Unterwelt sich selbst geboren hat. Von unten aber hört man mitunter Geräusche heraufdringen, wenn der Lärm der Menschen sich gelegt hat . . .«

Und die Toten werden zum Licht des Osiris

Jedesmal, wenn er die unermeßliche afrikanische Nacht betrachtete, die ihn so süß und so rein umfing, diese Nacht des weltursprünglichen Jubels; jedesmal, wenn er seinen Blick an den wunderbaren Himmel Ägyptens heftete, der auch der Himmel von Abydos und von Theben war, wußte der ägyptische Zeitgenosse der Pharaonen, daß die blinkenden Sterne Seelen waren oder auch vergöttlichte Tote und daß er selber eines Tages zu einem solchen im Weltraum hängenden Lichtpunkt werden würde. Die Eingeweihten wußten, daß sie eines Tages das Licht und das Fleisch des Osiris sein würden und daß andere Lebende, die lange nach ihnen an denselben Ufern des Nils leben würden, die sie in der Nacht der Zeiten hatten geboren werden sehen, ihre Toten als Lichtgeister in der Tiefe des großen himmlischen Sarkophages wiedererkennen würden. Ja, diese Myriaden von Sternen, die so ungleichmäßig funkelten, waren Seelen und Götter und Tote. Einst hatten sie die Erde der Menschen verlassen, diese Seelen, diese Götter oder Toten, und jetzt hatten sie seit Jahrmillionen Teil an den Wirbeln der Milchstraßen, an der wunderbaren und für den Menschengeist ewig unbegreiflichen Schöpfung jenes unermeßlichen Kosmos der Toten, der so getreulich wie ein sich erinnernder Spiegel den Kosmos der Lebenden abbildete. Die Eingeweihten wußten auch, daß Re die privilegierten Seelen zu sich rief, daß er sie um sich zu haben wünschte und sie wie einen Samen in sich hineinnehmen wollte. Denn alles Leben, auf Erden so gering geachtet, wurde, sobald die Grabespforten versiegelt waren, zu der aus dem Sonnenstrahl entstandenen Urflüssigkeit. Der Neu-Geborene hatte in seinem Leib den Strahl der *Sonne des Südens* empfangen, Nach dem Tode mußte dieser Strahl wieder heimkehren zur ewigen Göttlichkeit, zu der Quelle des Lichts, zu Re, dessen glühende Scheibe auf der Erde der Menschen zuerst die vergoldeten Obeliskenspitzen und die Pylonen an den Tempeleingängen entflammte. Und war nicht die Existenz des Menschen vergleichbar mit der des Re? »Der Mensch wird im Osten geboren und zieht gen Westen«, schreibt der berühmte Ägyptologe A. Erman. »Nach seinem Verschwinden folgt der Tote dem Lauf der Sonne in die nächtlichen Regionen, um sich im Osten an seinem Ausgangspunkt wiederzufinden, einszuwerden mit der Göttlichkeit und einzugehen in das ewige Licht.« Die Toten reisen vom Westen nach dem Osten – das ist das Hauptthema aller Inschriften. Deshalb wurden die Grabtempel und Gräber stets westlich des Nils errichtet: »weil sich das Totenreich im Westen befindet, *weil die Sonne im Westen untergeht*«.

Auf der Spur von Symbolen, Schlüsseln und Zauberkräften in den Grabpalästen der Pharaonen

Ich habe die Götter der Toten gesehen, als ich durch lange Gänge bis an die Schwelle ihres Reiches vordrang und Stunden des Grauens am Ort der Götter verbrachte, die mit mir zogen. Es herrschte eine quälende Stille in diesen vergessenen, erst vor so kurzer Zeit entdeckten Abgründen. Mir war, als überholten sie mich, die Enthaupteten aus der Unterwelt, die an die Wände der Grabpaläste der Pharaonen berühmter Dynastien gemalt waren. Von allen Seiten stürzten die würgenden Dämonen der Duat auf mich ein. Vor den hohen Pforten zu dem Paradies, das den Gerechtfertigten verheißen ist, konnte ich ein Gefühl des Entsetzens nicht unterdrücken angesichts dieser riesigen Bilderwelt göttlicher und menschlicher Geschöpfe, angesichts dieses Reigens von Ungeheuern, und ich wußte nicht, wie ich meine Seele bewahren sollte vor soviel Kunst und soviel Glanz. Ich fand mich wie ein verschwindend winziges Ding ins Zentrum eines Universums geschleudert, dessen Grenzen kein Lebender hat jemals ermessen, dessen Pforten kein Toter des 20. Jahrhunderts jemals würde öffnen können. Wo sind die Symbole, die Schlüssel und Zauberkräfte, die diesen Kosmos der Toten, die zu Gestirnen werden, erschließen und verständlich machen? Waren die furchteinflößenden Boten des Osiris, die ich zu meiner Linken und zu meiner Rechten finde, für die Eingeweihten wirklich ebenso furchteinflößend? Womit mußten sich die Verstorbenen die himmlischen Freuden im Jaru-Feld und die Verklärung in den Tiefen der Unendlichkeit erkaufen? Die Antwort ist stets die gleiche, denn »niemand ist je aus dem Jenseits wiedergekehrt, um uns zu berichten, wie die Toten sich betragen

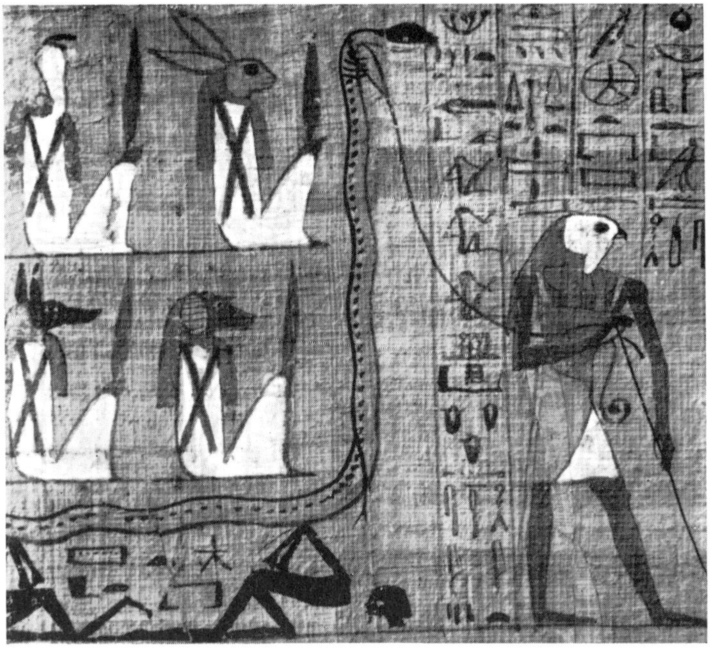

Über den Toten, die enthauptet wurden, weil ihr Wandel zu Lebzeiten unrein war, die kosmische Schlange des Bösen, Apophis, die durch ein Seil vom Gott Horus gehalten wird, der identisch ist mit Re-Harmachis, über den Apophis jedesmal herfällt, wenn Re im Verlauf seiner nächtlichen Reise wieder die Gestalt des Skarabäus annimmt. Wir befinden uns hier noch in den niederen Regionen der Amenti, wo es von böswilligen Dämonen wimmelt, die die verdammten Seelen, die auf ewig in der Finsternis leben müssen, quälen und martern. – Vignette aus dem *Papyrus des Amunpriesters Bak*

Linke Seite oben: Wandmalerei mit der Darstellung der Sonnenbarke, die durch eine der Regionen der Duat fährt. – Theben, Grabmal Ramses' VI., XX. Dynastie (1157–1142 v. Chr.)

◀ Die Seele des Verstorbenen (rechts) bringt drei Gottheiten der Unterwelt ein Opfer dar. – *Papyrus Amenemsaf.* Louvre

und was ihnen fehlt, und um unsere Ängste zu beschwichtigen, bis wir selber einmal an jene Orte gelangen werden, wohin die Toten gegangen sind. Niemand ist jemals aus dem Jenseits wiedergekehrt, der seit vielen tausend Jahren abgeschieden ist«.

Diese »Goldhäuser«, auf deren Decken Gestirne auf blauem Grund und astronomische Tafeln gemalt sind, diese »Serdabs«, die ihrer Mumien beraubt sind, diese riesigen und verödeten Gewölbe, diese Säle zur Aufnahme der Mumien, an deren Wänden die wichtigsten Kapitel des *Totenbuchs* aufgezeichnet und so viele vertraute Szenen aus ihrem Leben gemalt sind, all diese geheimen und schrecklichen Orte sind unvergeßlich für jeden, der sie auch nur ein einziges Mal gesehen hat. Hier stellten die Priester, vor dem Abstieg ins Gewölbe, die Mumie zum letzten Male aufrecht hin, und während die Klageweiber die Mumie umschlangen, vollzogen die Priester die magischen Riten der Öffnung des Mundes und der Augen. »Deine Seele wird göttlich sein unter den Geistern«, sangen sie, »und du wirst unter ihnen wandeln. Wiedergegeben wurden dir deine beiden Augen zum Sehen, deine beiden Ohren zum Hören dessen, was die Rede deines Mundes spricht. Wiedergegeben wurden dir deine beiden Beine zum Gehen und deine Arme, die sich in deinen Schultern in jeder Richtung bewegen können. Dein Fleisch ist nun lebendig, deine Adern munter und fröhlich. Du kannst dich erfreuen an allen deinen Gliedmaßen, denn dein Körper ist ganz, ist gesund und kräftig.« (A. Moret, *a. a. O.*; vgl. auch vom selben Autor *Les Mystères égyptiens*.) Niemals mehr werden die in das Pantherfell gekleideten Priester die

Sargdeckel zweier Amunpriester. Bemalter Karton. Theben, XXI. Dynastie. – (1085 – 950 v. Chr.). – Louvre ▶

Kapellen unter dem Sande besuchen, um die magischen Gebete zu sprechen und die Opfergaben darzubringen, derer die Toten bedürfen.

Wie hoffnungslos leer sind sie heute, diese »Wohnungen der Ewigkeit«, von denen nur noch Malereien an den Wänden übrig sind, die z. T. sogar unvollendet blieben. Die Offizianten kommen nicht mehr, um die Toten aufzufordern, »der Stimme hinaus zu folgen« und sich mit den geopferten Speisen zu mästen. Wo seid ihr, schöne Musikanten der himmlischen Bankette, ihr jungen Tänzerinnen in eurer reizenden Blöße und auch ihr Mohrenknaben, die die Fürsten Nubiens zum Geschenk brachten? Der Name hat diese Stätte verlassen, so wie die Statuen ihre Nischen. Allein die Seele der Toten bleibt in Osiris lebendig, in alle Ewigkeit.

Ein Heer von Handwerkern und Dienern lebt von den Toten und ihrem Unterhalt

Verlassen wir für einen Augenblick unsere Studierstube, wenden wir uns ab von den Büchern, deren Seiten mit geheimnisvollen Zeichen bedeckt sind, und stellen wir uns vor, daß wir einen Sprung über fünfunddreißig Jahrhunderte zurück tun. Wir stehen an den Ufern des Nils, im hunderttorigen Theben.

Rund um die große Amun-Stadt breiteten sich Palmenhaine aus, weite, wohlbepflanzte Ländereien, die Siedlungen der Handwerker und Nekropolendiener. Zur ordnungsgemäßen Abwicklung der Totenbegräbnisse gab es rund um die berühmte thebanische Nekropole zahllose Fachkräfte, von den Zurüstern der Leichen, die mit den ölig glänzenden Eingeweiden umzugehen wußten, über die Spezialisten, die die Tücher und

Binden um die Mumie schlangen und an den geziemenden Stellen die einhundertvier Amulette anbrachten, die jeder Tote laut osirischem Ritus besitzen mußte, bis zu den Einbalsamierern, denen das Betreten der Stadt der Lebenden verboten war, den Offizianten im Range des *sam* und den Katafalkträgern, die die Mumie einer hochgestellten Person in ihrem dreifachen Sarg übernahmen und in ihrem »Goldhaus« mit den gipsverputzten Wänden niedersetzten. Vergessen wir auch nicht die Träger des Totenlagers in Gestalt heiliger Tiere und all die kleinen Bediensteten, denen es oblag, die verschiedensten Grabbeigaben in das Grab ihrer Herren zu schaffen: die Körbe mit Obst; die Lampen aus durchsichtigem Alabaster in der Form von drei Lotosblumen als Symbol für die göttliche Dreiheit; die mit Schilf umwickelten silbernen Trompeten, die in der Stunde der Auferstehung vor Osiris ertönen; die mit Leinen umwickelten, heiligen Gänse; die Zauberruder für die Fahrt in der Totenbarke durch die Gewässer der unterirdischen Welt; die Anubis-Zeichen aus Holz, die mit feinen Goldplättchen belegt sind; die Schreine mit den Kanopenvasen, die von den vier Horussöhnen und den heiligen Kobras beschützt werden und in denen sich die Eingeweide, das Gehirn, das Herz und die Leber der illustren Toten befinden.

Am Beginn der Täler, in denen man zu den Grabpalästen der Pharaonen und ihrer Gattinnen gelangte, lebten Tausende von kleinen Leuten vom Unterhalt der Gräber. Sie wachten darüber, daß die ihnen auf Pacht überlassenen Toten regelmäßig Speise, Blumen und Weihrauch empfingen und daß die schuldigen Opferhandlungen sowie die Reinigungen pünktlichst beobachtet wurden. Sie stellten auch das notwendige Zubehör und Gerät und versiegelten hinter dem Toten die

Vignetten aus dem *Papyrus Hunefer:* mit Messern bewehrte, göttliche Hüter der Pforte der Amenti; und der Verstorbene in flehender Haltung vor den widderköpfigen Göttern mit dem Kreuz des ewigen Lebens, die Re, Schu, Tefnut, Geb und Ba-neb-Tettet heißen.

letzte Pforte zur Welt der Lebenden, indem sie auf eine Schicht frischen Gips das amtliche Siegel der Nekropole drückten. Sie schütteten die Zugangskorridore mit dem Abraum der frisch ins Gestein gehauenen Gräber zu, damit sie kein Grabräuber mehr fand und auch bei allem Spürsinn und Wagemut nicht erraten konnte, welche wertvollen Schätze der Verstorbene mit sich ins Jenseits nahm, um sich eine bequeme Existenz in der Ewigkeit zu sichern. Vor dem auf seinem Lager ausgestreckten Anubis, dem einzigen Hüter des östlich von der Grabkammer gelegenen Saales und schrecklich anzusehen in seinem Schweigen und in der Finsternis, legten die verängstigten Diener den Kopf der himmlischen Kuh nieder, die ihrerseits nach Westen blickte und eine Verkörperung Hathors war, der Göttin des Westens.

Wenn sich so alle Pforten wohlversiegelt hinter dem Toten geschlossen hatten, wenn die Symbole an ihren Platz gelegt waren und alles in der Erde verschwunden war, dann begann eine geheimnisvolle Welt, sich lang-

Die Sonnenbarke und die mit Messern bewehrte Apophis-Schlange, die um die sechste Stunde eine der zwölf Regionen der Duat mit ihren Windungen ausfüllt. – *Papyrus Amenemsaf.* Louvre
▼

sam vor den Verstorbenen zu erschließen. Sie sahen dank der Vermittlung ihres Doppels, das schon für sie gelebt hatte, bevor sie geboren waren, wie Nut auf sie zuschritt, die Göttin des Himmels mit ihrem von Sternbildern funkelnden Leib. Sie streckten die Hände nach ihr aus und empfingen das Feuer und das Wasser des ewigen Lebens, das so undefinierbar ist wie die Leere des Weltraums. So also erstehen die Toten wieder auf, nachdem sie die Sykomore geschaut haben, der die Sonne entsteigt. So gehen sie den unzerstörbaren Planeten entgegen, wie es im *Totenbuch* aufgezeichnet ist.

Das »Gewand des Lichts« und der osirische Bart

Jeder, der auch nur ein einziges Mal dieses thebanische Reich der Toten gesehen hat, das der Stadt der Lebenden benachbart ist, wird es nicht mehr vergessen können. Er erinnert sich der zarten Durchsichtigkeit des Himmels in der Frische des vergoldeten Morgens, im leisen Beben der Luft zu dieser wunderbaren Stunde, da das Wasser des Flusses stillzustehen scheint. Es ist, als warte es darauf, daß die junge Sonne die Gipfel der libyschen Berge entzündet, die Wärme der Erde erneuert und die vergoldete Kuppel eines neuen Firmaments wie einen Gesang erklingen läßt.

Welche Riten gingen der Grablegung voran? Wir wissen es dank der Entdeckungen Carters ganz genau. Wenn die Mumifizierung abgeschlossen war, wurde der Körper des Verstorbenen mit weißen Leinenbinden umhüllt. Diese versinnbildlichen das Netz und die Lebensflüssigkeit, von denen der Kosmos umgeben war – das Universum der Aranyaka-Upanischaden, der Orphiker, der Pythagoreer. Diese Binden, dieses »Gewand des Lichts« symbolisierte auch die Auferstehung nach dem Tiefschlaf des Todes, der eine Zeit der Inkubation und der Keimung ist. Man vergaß weder das Geschmeide noch die Amulette – am Hals des Tut-ench-Amun fand man sie in sechs Lagen übereinander. Die Mumie wurde parfümiert und gesalbt mit der *mezet*-Salbe, dem Festtagsparfüm, dem *safi*-Öl, dem Parfüm der Begrüßung, dem *chnum*-Öl, dem *tua*-Öl, der Essenz von Zedern, der *abiro*-Schminke, der Essenz Libyens und dem Öl *baq*. Man wachte darüber, daß unter dem Kinn nicht der osirische Bart fehlte.

Wenn die Toten sich aufmachen »zum schönen Westen«

Wenn die Toten in die thebanische Totenstadt ziehen, ihrem künftigen Aufenthalt für Jahrtausende, dann zerreißt kein Schmerz das Herz der Verwandten, der Diener und der engen Freunde, die mit ihnen zum *schönen Westen* gehen, hinter den Priestern und den Klageweibern mit entblößter Brust, die im Chor wehklagen und sich Sand aufs Haupt streuen. Sie alle sind fröhlich gestimmt, denn sie wissen, daß die, die in die Finsternis des Jenseits eingehen werden, auch die Freuden schmecken werden, die an den Ufern des himmlischen Nils ihrer harren. Sie wissen, daß die kleinen magischen Puppen an die Stelle der Verstorbenen treten werden, um ihnen unwürdige oder untergeordnete Geschäfte abzunehmen. Sie werden keinen Schrecken empfinden, wenn sie lange, glitschige Tiere sich dahinwinden sehen, wenn die Göttinnen, untätig im Glanz des Jenseits, ihnen ganze Händevoll mit Horusaugen entgegenhalten. Ohne Furcht werden sie, im anonymen Gewimmel der

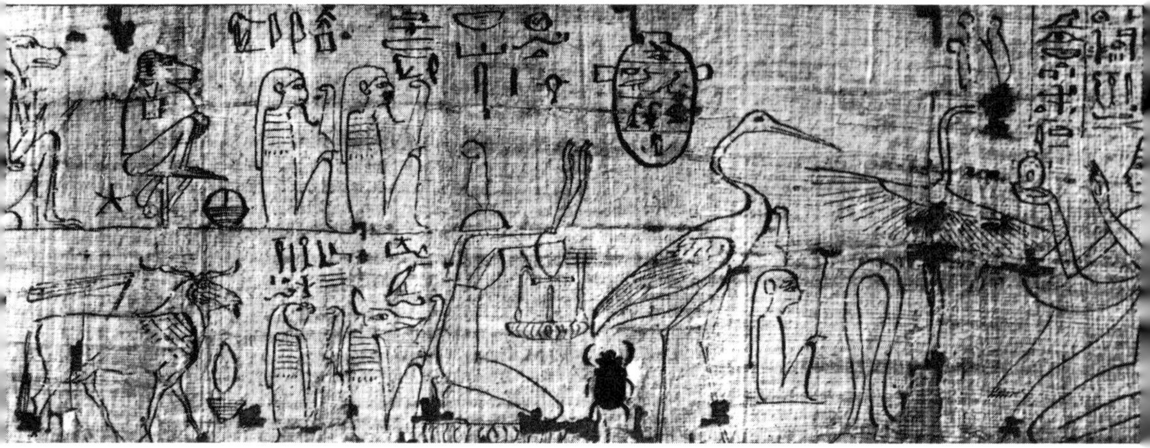

Darstellung magischer Szenen aus der Amenti. – Vignette aus dem *Papyrus der Amun-Sängerin*. Louvre

Der Verstorbene steuert die Sonnenbarke.
Texte: »Verlassen habe ich *Tiau*, die Unterwelt, aufrecht stehe ich nun am Bug der Heiligen Barke. Ich bin es, zu dem gesagt ist: ›Ziehe hin in Frieden, o Toter-in-Osiris, in der Barke des Re. Fahre hin in Frieden, o Toter-in-Osiris, bevor du eins wirst wie Maat mit ihrer Sonnenscheibe, in der unendlichen Umarmung ihres Lichts.‹«
Hinter Re der Benu-Vogel von Heliopolis, Symbol der Allseele des Osiris, der sich in alle Zeit und Ewigkeit und ohne Unterlaß aus sich selbst erschaffen wird.

Formen auf der Suche nach der Hoffnung, die Schlangen sehen, die die Todesgenien tragen. Eine nach der anderen können sie die zwölf Regionen der Unterwelt schauen, die jeweils nur eine einzige Stunde lang im Lichte sind, wenn die Sonne sie im Verlauf ihrer nächtlichen Reise durchfährt. Sie werden vorüberkommen an affenköpfigen Schreibern, die geheimnisvolle Worte sprechen, deren Sinn noch niemand zu ergründen vermocht hat, an Vögeln mit Menschenantlitz, die die Sonnenbarke ziehen, an widderköpfigen Skarabäen, an Mumien, die ins Innere des Welten-Eies gleiten, an Armen ohne Körper, die ganz allein umhergehen und Sonnen tragen. Diese ganze phantastische Bilderwelt, mit der die Wände der Grabpaläste bemalt sind, wird ihnen Ermutigung sein, denn sie wissen, daß sie nicht allein sind, daß sie im Jenseits niemals allein sein werden. Sie kennen nicht diese Herzensangst der Barbaren von Punt und all den anderen Ländern des Erdkreises, die davor bangen, nackt und allein in jener entsetzlichen Einsamkeit des Todes zu bleiben, in die niemals ein Ruf aus der Tiefe und niemals ein Lichtstrahl dringt.

Die Bildergalerie der thebanischen Gräber* beschwört nicht nur den Abstieg in die unterirdischen Regionen herauf. Es gibt für die Toten eine glückliche Ewigkeit, einen gesicherten Komfort, ja sogar einen gewissen Luxus. Sie werden Mägde haben, Schreiber, gebratene Gänse aus Alabaster, geblümte Krüge mit Bier und Wein, Sistrum-Spielerinnen, Barken und Wagen. Sie und ihre Doppelgänger werden mit Amuletten bedeckt sein, die sie vor den Krankheiten der Toten schüt-

* Vgl. E. Dondelinger: *Der Jenseitsweg der Nofretari. Bilder aus dem Grab einer ägyptischen Königin* (Graz 1973).

Im Verlauf ihrer nächtlichen Reise hat sich die Sonne, die sieben Seelen und vierzehn »Doppelgänger« besitzt, in Chepre, den Skarabäus, verwandelt, das Symbol der Wiedergeburt. – Theben, Grabmal des Tut-ench-Amun

Malerei von dem Tempel, den Ramses II. (um 1292 – 1225 v. Chr.) in Abydos für sein »Doppel« errichten ließ. Das Bild stellt den Pharao bei seiner Fahrt über den himmlischen Nil dar. Im Bug des Schiffes der Hundegott Chontamenti aus der heiligen Stadt Abydos, in der sich das Grab des Osiris befand, von dem noch heute einige Reste in Gestalt türkisblauer Granitblöcke zu sehen sind.

zen, mit denen die bösen Dämonen sie tückisch zu schlagen suchen. Zur Zeit der Festtage der Toten werden sie einen Platz in der Barke Neschmet erhalten. Gewiß, seit den Zeiten der Ahnen ist niemand aus den unterirdischen Regionen zurückgekehrt, um zu berichten, was er gesehen, gehört und gelitten hat. Noch keiner hat sich darauf gefreut, in das Reich der Toten zu gehen. Der Pharao selber in all seiner Macht und Göttlichkeit fürchtet das, was er zu Zeiten »das Elend des Todes« zu nennen gewagt hat, und er versäumt nie, die Opfer- und Weihrauchgaben für die thebanischen Götter und für den Nil, der wieder die Duat bedeckt, zu vermehren, sobald – um den 15. August, zum erwarteten Zeitpunkt des »reinen Wassers« – die Überschwemmung die fruchtbare Erde des Niltals überzieht und ihren berühmten Schlamm hinterläßt. Der Tote aber ist bei allgemeinem Frohsinn dorthin gegangen. Den geliebten Nil hat er ein letztes Mal in einer blumengeschmückten Barke überquert.

Unweit des Sarges, der in einem Schrein aus bemaltem Holz oder unter einem Baldachin steht, opfert der *sem*-Priester, mit geschorenem Kopf und in ein Leopardenfell gekleidet, den Weihrauch vor der in besticktes Leinen gewickelten Mumie. Die Verwandten des Verstorbenen wehklagen demonstrativ, während ein zweiter Priester die rituellen Formeln hersagt. A. Erman schildert die charakteristischsten Züge dieser Überfahrt über den Nil in das Theben der Toten. Während der Priester Räucheropfer vor Harmachis-Chepre darbringt, der in der Barke des Vaters der Götter, der Neschmet-Barke, sitzt und ein anderer Priester die alten Sprüche rezitiert, wehklagen gemeinsam die Frauen. In einer anderen Barke, die der des Toten voranfährt, haben weitere Frauen mit nackter Brust Platz genommen.

Zum Leichnam gewendet, den der *kher-heb*, der Einbalsamierer, mit Natron und Bitumen behandelt hat, seufzen und klagen auch sie unablässig. Unterdessen erhebt sich am Bug des prächtig geschmückten Totenschiffes ein Verwandter des Verstorbenen und ruft, zum Steuermann gewandt: »Steuermann, nimm Kurs auf den schönen Westen, auf das Land der Gerechtfertigten!« Andere Barken folgen dem Zug: die Schiffe der Verwandten, der engen Freunde, die die Geschenke mitbringen und das Gedächtnis des Verstorbenen segnen, der Tänzerinnen und Sängerinnen sowie der Diener im Festtagsgewand.

Am Ufer stehen die Gaffer, bewundern den wohlgeordneten Leichenzug und sind erstaunt über die große Anzahl von Freunden, die der Verstorbene hatte. Sie sagen wohl zueinander: »Seht doch, was für ein edler Thebaner dort kommt! Weil er zeit seines Lebens den Chons von Theben verehrt und ihm gedient hat, ist es ihm gewährt, mit seinen Dienern in den Westen zu gelangen.« Am anderen Ufer angekommen, tragen die Gefährten des Toten seine Statue herbei, die ihn im Jenseits begleiten wird, die Blumen, die Miniaturbarken, die Amulette, den »Hausrat« für das Grab, die Speisen, die magischen Puppen und die nackten Frauenfigürchen, denen die Beine fehlen, damit sie niemals aus dem Grab des Verstorbenen entfliehen können, dem sie Liebesfreuden schenken sollen.

Die letzte Reise wurde systematisch vorbereitet. Die Barke, in der sich der Sarg befindet, wird auf einen Schlitten gestellt, und vier stämmige, niedrige Ochsen des Niltals ziehen den Glücklichen, den Anubis in seinem Haus der Ewigkeit verklären wird. Der vom *sem*-Priester angeführte Zug biegt nun ins Tal der Könige ein, wenn es sich um einen hohen Würdenträger des

Hofes handelt. Auf staubiger Straße, die sich zwischen steil abfallenden Schluchten und Felsgeröll dahinwindet, unter einem unerträglich blendenden Himmel, zieht der Leichenzug mit dem Toten aus dem leidenschaftlich pulsierenden Leben Thebens übergangslos in einen chaotischen Kosmos und erklimmt langsam die Berge des Westens, die schützend in ihrer Mitte Hunderte von Grabpalästen bergen. Rechts und links des Weges, der die illustren Toten zu den Pforten der Ewigkeit führt, zu Millionen von Jahren zukünftiger Existenz, scheinen die vertikalen Wände des roten libyschen Gebirges in der übergroßen Hitze leise zu zittern. In dieser Gegend der ausdörrenden Winde und des sengenden Sandes, in diesem Winkel der Welt, wo alle sieben Jahre einmal ein paar Tropfen Regen fallen, hat man wahrhaftig den Eindruck, dort zu sein, wo die Hölle beginnt. Man glaubt sich umgeben von tausend Generationen von Toten, die der Schweiß und die Seele dieses Wahnbilder erzeugenden Berglandes sind – und nichts vermöchte diesen Eindruck zu mildern, weder das Jammern der offiziellen Klageweiber, noch die Festlichkeit des Leichenzuges.

Ja, dieses Tal der Toten – so nahe bei Theben, wo in der Sonne Hunderte von goldgedeckten Obeliskenspitzen und die Tempelpylonen glänzen, die von den ruhmreichen Feldzügen der Pharaonen und von den Namen der unterworfenen Völker künden – dieses in Licht ertrinkende Tal der Toten ist den Lebenden feindlich gesonnen. Wenn es Landschaften gibt, die von Grausamkeit geprägt sind, dann gehören die Wüstentäler von Biban el-Moluk zweifellos zu ihnen. Für den Toten freilich war die Straße, die wir soeben verfolgt haben, die Rückkehr zu jenem Gestirn, das ihn geschaffen hatte, und er fand, an der Schwelle seiner Auferstehung stehend, just jenen Punkt wieder, wo die Sonne hinter dem dreieckigen Gipfel des Gebirges des Westens verschwindet. Und wenn die Amunpriester den langen, ins geäderte Kalkgestein gehauenen Gang dahinschreiten und den bemalten Sarg des Verstorbenen in der Grabkammer niedersetzen, die wie alle thebanischen Gräber von Osten nach Westen ausgerichtet ist, im »Goldhaus« mit der blauen, sternbesäten Decke, dann freut sich der Tote, bevor er sich auf die Prüfungen des Totengerichts vorbereitet. Was aber die Lebenden betrifft, so finden sie sich freudig aufatmend wieder in den bewässerten Ebenen am Nilufer ein, wenige Kilometer vom Tal der Toten entfernt, in den kühlen Oasen von Luksor und Karnak. Und auch sie freuen sich zu wissen, daß der Tote bald das Gesicht seiner Väter und Mütter wiedersehen wird, in den zwölf Regionen jener Unterwelt, aus der man manchmal heulende Seelen oder Affen hört, die auf dem Sand sitzen und voller Verzweiflung Re anrufen, in den langen Korridoren des Westens oder in den Einsamkeiten des Weltenraumes.

Bevor die Mumie endgültig durch die gute Pforte schreitet, in die nur die Toten mit ihren Uschebtis eintreten dürfen – kleinen, mumienförmigen Figürchen, die den Namen des Verblichenen tragen und dazu bestimmt sind, ihn bei allen Frondiensten im Jenseits zu vertreten –, finden vor der aufrechtgestellten Mumie die letzten, unentbehrlichen Begräbniszeremonien statt: die

Der widderköpfige Sonnengott fährt auf der Barke durch die Unterwelt, die rechte Hand hält das Anch-Zeichen (=Leben), in der linken Hand trägt er das Uas-Szepter (=Heil, Wohlergehen). Auf dem Weg durch das Nachtreich wird der Gott von der Schlange Mehen geschützt. – Aus dem Grab von Sethos I., Szene aus dem *»Buch der Pforten«* ▶

Öffnung des Mundes und der Augen mit dem magischen Dächsel, wodurch ihr der Atem und das Gesicht wiedergegeben werden, die Reinigung durch das Wasser, das Hersagen bestimmter Formeln und die Räucheropfer. Während aber dem Toten ewige Freuden verheißen sind, hört seine Gattin nicht auf, ihren Schmerz zu bekunden. Vor den gegen ihre Schmerzausbrüche gleichgültigen Priestern umschlingt sie die Mumie und preßt das Gesicht gegen die Maske aus Leinwand und Gips. Sie schlägt sich an die Brust, seufzt und klagt, und der Chor der Klageweiber unterstützt sie, indem er die offiziellen Trauerformeln unter die Klagen der Witwe mischt. Bestimmt muß sich der Tote freuen, falls der Zauberatem schon in seine Nase gedrungen ist, denn die Klagen der Gattin und die Litaneien des Priesters sind süß anzuhören, wenn man so scheidet:

»Unglück! Unglück! Ich bin deine vielgeliebte Schwester ... Warum bist du doch so ferne von mir, der du so gut mit mir zu scherzen und mich zu lieben wußtest! – Dieser Tag ist ein schöner Tag, denn der Glückliche wird wiedergeboren im Leib des Osiris ... – O Elend, o Elend! Du schweigst und sprichst kein Wort mehr! Du, der so viele Diener hatte, nun bist du vielleicht dort, wo es niemanden gibt außer Ungeheuern mit glimmenden Augen! – Dieser Tag ist ein schöner Tag; denn beschirmen werden dich der Mensch, der Schakal, der Affe, der Falke, welches sind die vier Gesichter des Horus ... – Jammer! Jammer! Grausam ist meine Klage! Du, der sich mit mir erging in den Gärten an den Ufern des Nils, eingezwängt in Binden sind nun deine Beine! Erkennst du mich? Ich bin deine Gattin, deine vielgeliebte Schwester ... Die Freude ist in ihm, welcher nun friedlich ruht. Mit dem osirischen *djed*-Zeichen wird er die Speisen des Osiris essen können ... –

O Leid! O Leid! Mein Leib fleht nach dir, aber dein Leib ist ganz kalt. – Dieser Tag ist ein schöner Tag für die Mumie, die in ihrem Leib einen Skarabäus trägt. – Ich bin deine Schwester, und du hast mich verlassen. Allein muß ich heimgehen in mein Haus . . .«

Während so die letzten Rituale vollzogen wurden, bereiteten Diener bereits den Leichenschmaus vor. Aus Astwerk und Blumen errichteten sie im »Tal der Wüste« kleine Stände. Man versammelte sich um die Tische und sprach den leckeren Speisen und dem Bier zu, während junge, lotosgeschmückte Tänzerinnen, nackt und vom lieblichen Abendsonnenschein beglänzt, Sagen des uralten Ägypten aufführten, jenes geheimnisumwitterten Ägypten vom Anbeginn der Zeiten, da noch göttliche Pharaonen herrschten, deren jeder fünfzigtausend Jahre regierte. Allmählich erheiterten sich die Tischgenossen mit den feierlich-ernsten Gesichtern. Die Getränke, die Gesänge, die Tänze taten ihre Wirkung. Sie waren vergnügt über einen so schönen Tag für den Toten und sein befreites *ka*. Der Leichenschmaus unter offenem Himmel wurde zum Gelage fröhlicher Zecher. Die Klageweiber aber, die so gut zu klagen und ihre Gesten zu zügeln wußten, begannen, sich auf das lärmende Treiben der um die Speisen versammelten Gäste einzustellen. Nach und nach wirkten die Tänzerinnen in den horizontalen Strahlen der untergehenden Sonne, die die fernen Tempel von Karnak und Luksor an der anderen Nilseite beschien, feuriger und verführerischer. Gern vergaß man die Einbalsamierer, wenn man diese anmutigen Körper tanzen sah, auf denen Reflexe wie von Bronze und Ebenholz spielten, geschmückt mit Halsbändern und Gürteln aus Lotosblumen, parfümiert, faszinierend. Doch es war schicklich, daß dieses Fest sich nicht zu sehr in die Länge zog, und so gewannen die gesättigten Trauergäste endlich wieder Theben, bevor die Nacht das Reich der Lebenden mit ihrer Pracht umgab. Jeder dachte wohl noch ein wenig an den Toten, den sie zurückgelassen hatten, am »schönen Platz des Tals der Wüste«, und vergegenwärtigte sich – ohne ihn darum zu beneiden – die Freude des Verstorbenen, der es verstand, unter den Geschöpfen der Duat seine Sache zu führen. Sie wollten nun nichts mehr von diesem Toten hören. Sie hofften nicht, ihn eines Tages verfluchen zu müssen, wenn er durch eine unglückliche Fügung Lust bekam, *mit dem Wind zurückzukommen* und tückisch den Frieden seiner Angehörigen oder seiner Freunde zu stören, ihnen an Vollmondabenden die Seele, die Spezereien, die Amulette zu stehlen oder ihnen Nase oder Leber durch jenen seltsamen Atem zu vergiften, den die Dämonen oder die Dämonen-Hälften ausatmen.

Ani und seine Gattin gehen den Weg in die Unterwelt. Vor ihnen ▶ schreitet der in das rituelle Pantherfell gekleidete *kher-heb*-Priester. – Kapitel 144 und 145 des *Totenbuchs*: »Anrufung der Priester und Anis, während sie die Litanei des Thot aus Kapitel 18 des *Buchs der Pforten* hersagen«. *Papyrus Ani*

KAPITEL 7

Was die Archäologen in den »Stätten der Ewigkeit« entdeckten

Die von den archäologischen Expeditionen vorgenommenen Ausgrabungen haben uns die unglaubliche Vielfalt und den ganzen Luxus der Grabbeigaben enthüllt, die die Ägypter in ihren Gräbern ansammelten. Alles, was der Verstorbene auf Erden besessen hatte, fand er in der »Stätte der Ewigkeit« wieder. Die Gelehrten haben in den Grabkammern ausgesprochene Warenhäuser mit Luxusgütern und kunstgewerblichen Gegenständen entdeckt*, ein bunt zusammengewürfeltes Durcheinander von Schminktöpfen zum Verschönern des gelben Gesichts weiblicher Toter, von Perücken, Streitwagen und mumifizierten Tierkeulen, dazwischen wieder die blauen oder grünen Figürchen, die den in Osiris Verstorbenen in mumienförmiger Gestalt zeigten, die gebrauchsfertigen Harpunen, die anmutigen Grabsträuße aus Persea- und Ölbaumzweigen, die versiegelten Krüge mit feinem Wein, die Fackeln, die Vasen aus durchsichtigem Quarz, die Lagerstätten in Form heiliger Tiere, die zur rituellen Zurüstung der Mumie verwendet worden waren, die *Skarabäen des Herzens*, die – im Anschluß an das vor dem Totentribunal abgelegte »Negative Glaubensbekenntnis« – die unbequemen Zeugen zu beeinflussen vermochten und auf denen die Künstler folgende Litaneien eingraviert hatten: »O Herz, das mir meine Mutter geschenkt hat! O Herz, das Teil meines Fleisches ist! Erhebe dich in der Finsternis

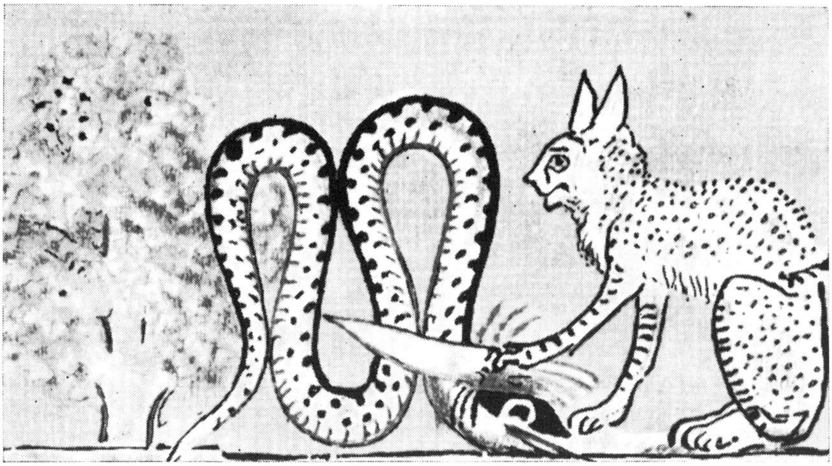

Im himmlischen Heliopolis schneidet die Lichtkatze mit dem Kopf des Re der Apophis-Schlange, dem »Drachen der Finsternis« und Feind der Sonne, den Kopf ab. –
Vignette aus dem *Papyrus Hunefer*

Aufrecht im Bug der Sonnenbarke stehend blickt der Verstorbene über die Versammlung der Götter hin, die ihn in die andere Welt begleiten. »Der gerechtfertigte Tote nimmt seinen Platz in der Barke des Re ein, auf daß er den Himmel durchziehen, mit den Unvergänglichen den Himmel durchfahren möge. Mit Osiris fährt er in die andere Welt, bevor seine Seele sich verströmt in Re.« –
Vignette zu Kapitel CXXXIV, *Papyrus Nu*

»Anrufung des Osiris« aus dem *Totenbuch*:
»Anbetung sei Osiris, dem großen Gott von Abydos, dem König der Ewigkeit, dem Herrn dessen, was immer währt, dem Erstgeborenen aus dem Schoße der Nut, dem Träger der doppelten Königskrone, der die Insignien seiner Herrschaft über die Toten empfangen hat. Osiris! Du sitzest auf deinem Thron als Herr von *Tattu*, als König in Abydos! Du bist es, der das Seiende und das Noch-nicht-Gewesene hinter sich herzieht. Ruhm und Ehre sei dir, der du die Welt der Lebenden und die der Toten empfangen hast!«
– *Papyrus Ani*

nicht gegen mich, um gegen mich zu zeugen. Sei nicht der Feind meiner Rede vor Anubis, vor Thot und vor Osiris ... Sei wie ich vor der Waage der Totenrichter und laß nicht zu, daß der Geruch meines Namens wie der stinkende Geruch eines Schakals sei.«

Welch eine Bestandsaufnahme haben die Gelehrten in den Gräbern des pharaonischen Ägypten vorgenommen! Was fanden sie nicht alles: Da waren Gewänder von *sem*-Priestern, die mit ihrem kleinen Finger den Mund und die Augen des Toten öffnen, ihn ölen und frisieren, ihn mit Binden schmücken und ihm den Stab und die Geißel geben, die er genauso über seiner Brust kreuzt wie Osiris. Sie fanden Bumerange für die Jagd auf den Gefilden der Seligen beiderseits des himmlischen Nils; Gefäße aus durchsichtigem Alabaster, die Behälter der Parfüms und kostbaren Öle; Trompeten im Namen des Re, des thebanischen Amun oder des Ptah – des Bildners des Welten-Eies –, die am Tag der osirischen Auferstehung erschallen werden; in Linnen gewickelte, heilige Amun-Gänse; die magischen Ruder, an deren Enden das Auge des Horus aufgemalt ist, damit die Totenbarken sich nicht auf den Gewässern der Unterwelt verirren können; die langen *heket*-Stäbe, die jenen ähneln, wie man sie noch heute bei den Fellachen der thebanischen Ebenen findet; Schreine aus dem Holz der Libanon-Zeder, angefüllt mit Papyrussandalen, dreieckigen Lendenschurzen und Handschuhen der Bogenschützen. In den Gräbern der Schreiber vergaß man auch nicht die mit feinem Schilfrohr verzierten Döschen aus Kalmus, noch die für jeden hohen Beamten notwendigen Geräte zum Schreiben und Rechnen, nämlich einen Glättstein, ein Wassergefäß und Paletten mit einem reichhaltigen Sortiment an Farben, alles niedergelegt in einem mit Stoff überzogenen Korb aus Papyrusmark. Erwähnen wir aber auch die Szepter, die die Herrschaft und die Macht des Osiris symbolisieren und stark den Krummstäben unserer Bischöfe ähneln; die zahllosen *anch*-Zeichen, Siglen für die »Millionen Jahre der Existenz der Toten«, ferner die *djed*- und *tet*-Zeichen, die, sofern sie nicht in den Falten der Mumienbinden vergessen wurden, dem Verstorbenen den Frieden und die Auferstehung sichern; oder die Menurit-Kühe, deren Leib mit Sternen geschmückt ist. Man hat auch Zehntausende von Uschebtis gefunden, kleine Figürchen, denen es oblag, für den Toten im Jenseits die täglichen Geschäfte zu erledigen. Im Paradies des Osiris muß der Unterhalt und die Verpflegung der Gerechtfertigten in alle Ewigkeit gesichert sein, und »der Sand des Ostens muß nach dem Westen geschafft werden«. Ferner wurden Heuschrecken aus Gold gefunden; mit Antilopenfell überzogene Schilde aus leichtem Holz; Fächer aus ganzen Straußenfedern; Behälter für die Kopfbedeckungen und die Parfüms; Dosen für die Bogen, die mit Jagdszenen verziert und mit schillernden Skarabäenflügeln bemalt waren. Einen besonderen Platz muß man den nackten Frauenstatuetten mit den enormen Schenkeln einräumen, die den Liebesfreuden des Verstorbenen im Jenseits vorbehalten waren; denn auch die Toten haben ihren Harem.

Als der englische Archäologe Emery einst das Grab eines hohen Funktionärs der zweiten Dynastie entdeckte, bot sich ihm folgender Anblick dar, wie A. Erman berichtet: »Das Grabmal dieses Beamten setzte sich aus *zweiundvierzig Sälen* zusammen! Einer der Grabräume erinnerte stark an einen Speisesaal, mit dem Tisch, auf dem ein Gedeck aufgelegt war. Schalen und Teller waren aus Alabaster und enthielten gebratene Tauben, Fische aus dem Nil, diverse Gemüse, ein Entrecôte für

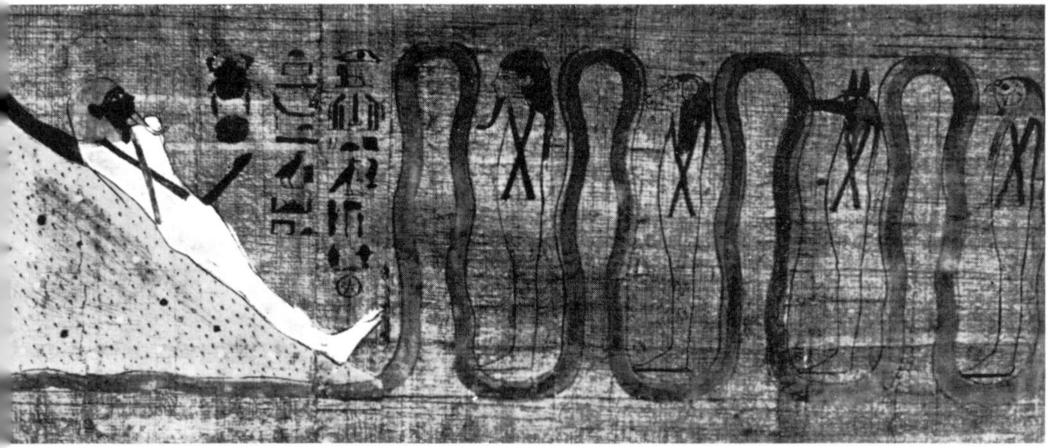

Oben: Der Verstorbene befindet sich in anbetender Stellung vor der Barke des Chepre, des Sonnenskarabäus. Am Heck des Schiffes ein kleiner Altar mit der Lotosblume. Rechts zwei Paviane, deren Aufgabe es ist, »die Feinde des Lichts gefangenzunehmen oder zu vernichten«. Das Licht symbolisiert die Morgenröte, in der noch der Morgenstern blinkt. Über dem Bug der Chepre-Barke das Uzat-Auge, das Sinnbild »der wiederkehrenden Sonne«. – Kapitel 17 des *Totenbuchs.* Vignette aus dem *Papyrus Ani*

Unten: Die Mumie, hier in ithyphallischem Zustand, gleitet in die Siebente Region der Unterwelt hinab, die die Apophis-Schlange mit ihren Windungen erfüllt. Die vier Horussöhne sind die Beschützer der Eingeweide des Toten. – Vignette aus dem *Papyrus der Dame Herub*, XXX. Dynastie. Louvre

zehn Personen, nicht zu vergessen die Saucen und das Obst, die rundlichen Pâtisserien und die dreieckigen Brotlaibe. Alles war im ägyptischen Klima ›gedörrt‹, aber trotzdem gut erhalten.«

Niemand, der die Totengötter auch nur ein einziges Mal im Schoß der Erde besucht hat, wird jemals diese wundervollen »Goldhäuser« der Königsgräber vergessen können, deren Wände mit magischen Beschwörungen bedeckt sind, die sich auf das Ritual des *Totenbuchs* beziehen. Wir erblicken die Gottheiten der anderen Welt, die sich in diesen Grabpalästen, die keines Menschen Auge je hätte schauen sollen, eingefunden haben, um die Toten willkommen zu heißen und sie an der Schwelle jener Pforten zu empfangen, die sich auftun an den zwölf Regionen – vor den Dämonen, die in ihren Höhlen lauern – und an den Ufern des Flusses, wo man zu jeder Stunde der Nacht den ungeheuren Lärm der Toten vernimmt, wenn, wie in einem verschwimmenden Lichthof, die von langen Schlangen gezogene Sonnenbarke vor ihnen auftaucht.

Die Einbalsamierung der Leichen

Die alten Ägypter hatten Angst, daß ihr Körper verwesen könnte, so wie sie fürchteten, im Jenseits ihren Atem zu verlieren, und diese tödliche Furcht drückt sich immer wieder in den Litaneien des *Totenbuchs* aus. Sie sind besessen von dem Gedanken, daß der Körper nach dem Tod unverweslich erhalten werden muß. Sie wußten zwar, daß der Verstorbene in seinem Sarkophag in den Armen der Göttin Nut ruhen und »im Leib der Mutter des Himmels geborgen sein« wird. Sie wußten, daß der Verstorbene durch Nut verklärt wird und daß seine Wiedergeburt im Leib der Nut gewiß ist. Sein Sarg war »das Licht, die leuchtende Hülle der Seele, das osirische Gewand der Seele, die ein Keim der Ewigkeit ist«. Sie wußten, daß für die Seele Raum und Zeit keine Ausdehnung besitzt und daß sich in jenem Körper, den die Seele verlassen hatte, immerfort »die Dinge, die gewesen sind, und die Dinge, die kommen werden«, abspielen. In dem Sarg webt und wirkt die geheimnisvolle Nacht der Formen, und in dieser Nacht befinden sich die Seelen im Zustand der Anbetung. Trotz allem aber war es notwendig, den Körper vor der unvermeidlichen Verwesung zu schützen. Aus diesem Grund verwandten die Ägypter so große Sorgfalt auf das Einbalsamieren der Leichen.

Anubis war es, »der Gott der Grabbinden«, der die ersten Menschen die Kunst gelehrt hat, den Leichnam unverweslich zu machen. Dadurch kann die *Vogelseele*, die den Körper im Augenblick des Todes verlassen hat, ihn jederzeit und noch in Tausenden von Jahren wiederherstellen. Es war daher unumgänglich nötig, den

Rechts: Der Gott Nun (*unten*) taucht aus den Urgewässern empor. In den ausgestreckten Armen trägt er die Sonnenbarke, in der man den Skarabäus mit der Neuen Sonne erkennt. Zu beiden Seiten des Skarabäus Isis und Nephthys sowie (*links*) die Götter Schu, der Sonnen-Licht-Gott, der »seinen Leib gemacht hat«, Sia, der den Verstand bedeutet und der Hauptfährmann der Sonnenbarke ist. Hu gibt als »Unterlotse« der Sonnenbarke die Anweisungen Sias an die Ruderer weiter. *Rechts* vom Skarabäus drei Türhüter, die die »Pforten des Tages öffnen werden«, durch welche die Neue Sonne in der Welt erscheint. – *Oben* in den Urgewässern schwimmend Nut, die Himmelsgöttin, die gerade die Neue Sonne empfängt. Sie steht auf dem Haupt des Osiris; dessen Leib bildet einen geschlossenen Kreis, der die Unterwelt der Duat abgrenzt. Eben dies kann man auf den Texten lesen: »(Dies ist) Osiris. Er reist um die Duat.« – *Papyrus Ani*, Brit. Museum

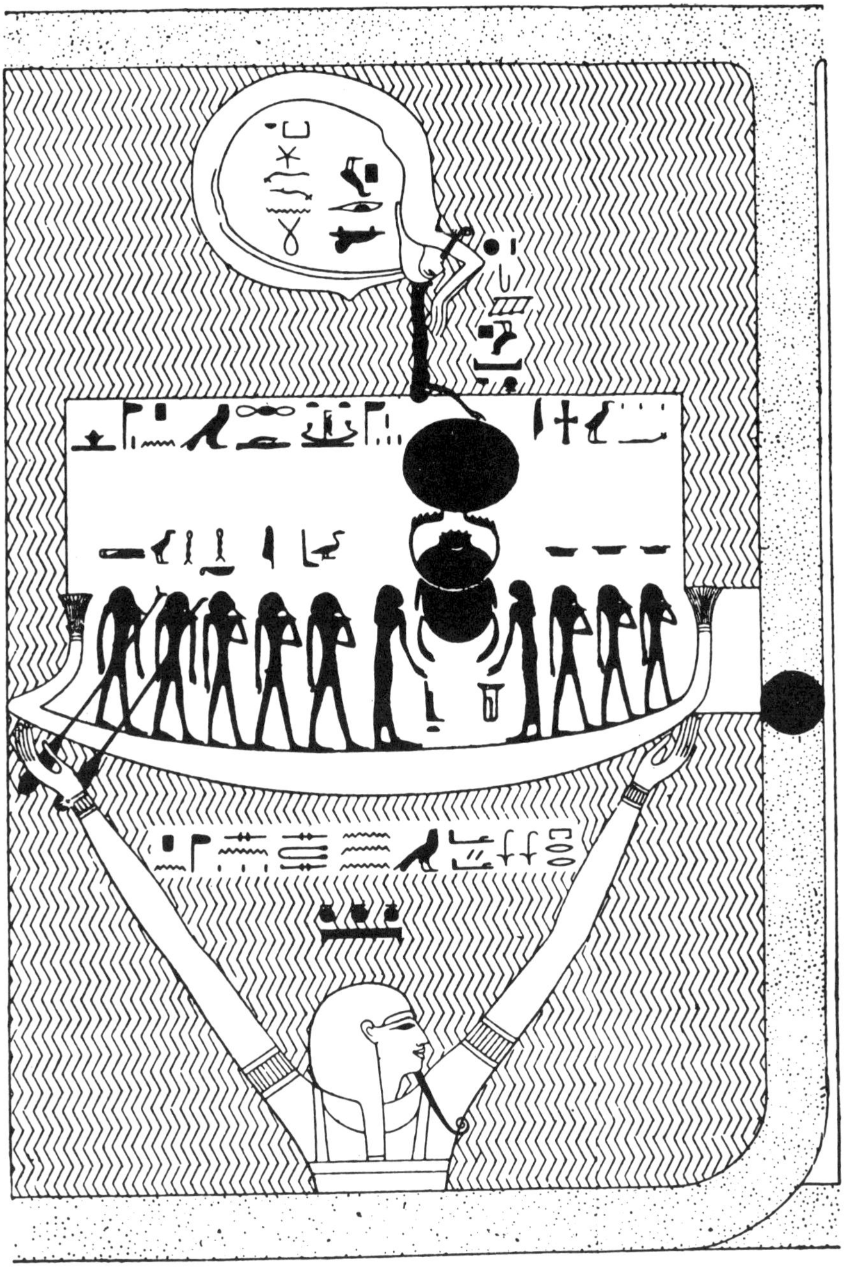

Körper unversehrt zu erhalten, denn wenn die Verwesung erst einmal ihr Werk vollendet hatte, war die Seele, die nun keine Heimstatt mehr hatte, dazu verdammt, für immer zu verschwinden.

Um nun zu verhindern, daß der menschliche Körper in der Erde endgültig zerfiel, behandelten ihn die Ägypter mit Salz und Bitumen, nachdem sie ihn in der Grabkammer niedergelegt hatten. Siebzig Tage ruhte der Körper in dieser Lauge aus Natron und Bitumen. Manchmal, besonders wenn es sich um eine hochgestellte Persönlichkeit oder einen Pharao handelte, gingen die Spezialisten bei der Einbalsamierung des Leichnams mit einer solchen Sorgfalt vor, daß die Zurüstung zehn Monate beanspruchen konnte.*

Während die Priester bestimmte Kapitel aus dem *Totenbuch* hersagten, wurde die Leiche sorgsam enthaart. Die Eingeweide wurden herausgenommen, und mit Spezialgeräten aus Eisen, die durch die Nasenflügel in den Schädel eingeführt wurden, entfernte der Operateur Stück für Stück das Gehirn. Zum Entfernen der Eingeweide wurde ein Schnitt in den Bauch vorgenommen. Die Wunde wurde anschließend mit einer Wachs- oder Metallplatte wieder zugedeckt. Damit sie an ihrem Platz festgehalten wurde, wickelte man sie mit Schnüren an den Leib. Auf dieser Platte war das Uzat-Auge, das magische Auge des Horus, abgebildet, ein heiliges Symbol, das in den Nekropolen tausendfach als Amulett diente. Rechts und links vom Uzat-Auge standen die vier Todesgenien oder Horussöhne, die Schutzgeister der vier Kanopenvasen, in denen die Leber und die Eingeweide des Toten aufbewahrt waren: Hapi mit dem

* K. Sethe: *Zur Geschichte der Einbalsamierung bei den Ägyptern* (Sitzungsberichte der Preußischen Akademie der Wissenschaften. Phil.-hist. Klasse 1934).

Affenkopf, Imset mit dem Menschenkopf, Duamutef mit dem Schakalskopf und Kebechsenef mit dem Falkenkopf. Nur das Herz verblieb an seiner angestammten Stelle, denn wie es im *Totenbuch* heißt: »Dein wahrhaftes Herz ist mit dir.« Das Innere des Leichnams wurde sorgfältig mit Wein ausgewaschen; in die Arterien spritzte man eine chemische Substanz. Die fettigen Teile wurden abgeschabt, die Bauchhöhle füllte man aus mit Wachs, Alantbeere, Kaneel, gerösteten Lotoskörnern sowie mit Stofftampons, die man mit Zedernöl, Myrrhen und antiseptischen Fetten getränkt hatte. An Stelle der Augen setzte man Email-Pupillen ein. Lunge, Leber, Magen und Gedärme wurden ebenfalls einbalsamiert, bevor sie in den vier Kanopenvasen verwahrt wurden. Man hat in diesen Gefäßen sogar einzeln in Leinen gewickelte Phalli entdeckt.

Nach dem Vorgang der Waschung und Ausschabung umwickelte man die Gliedmaßen und das Gesicht mit Binden, die zuvor in einem Teerbad aseptisch gemacht worden waren, und schob, wie bereits erwähnt, zwischen die Binden die unentbehrlichen Amulette, Girlanden aus Weiden- und Ölbaumblättern, Kornblumensträuße und Blütenblätter vom blauen Lotos. Damit die Mumie die Gestalt eines menschlichen Körpers bewahrte, wurde sie an den Stellen, wo die Leinenbinden zu stramm auflagen und sie deformieren konnten, mit Tampons ausstaffiert. Was die Länge der verwendeten Mumienbinden betrifft, so genügt es, auf die Entdeckung von Dr. Derry zu verweisen, der einmal auf einer Mumie ein zwanzig Meter langes Leinenstück fand, das achtmal gefaltet worden war, um zur Ausstaffierung der Mumie zu dienen, die danach mit einer dikken Schicht flüssigen Gummis überpinselt worden war. Bevor der Verstorbene mit Binden umhüllt wurde, ver-

▲ *Der Leichenzug.* Die Mumie liegt auf dem Totenbett in der Barke von Abydos; unter dem Bett Gefäße mit Öl und Bier. Die Barke, von Ochsen gezogen, wird zur thebanischen Nekropole gebracht. Vor der Barke ein *kher-heb*-Priester mit den Instrumenten zum Besprengen und Räuchern. Hinter der Barke ziehen Sklaven einen mit Blumen verzierten Schrein, auf dem Anubis hockt. – Kapitel 1 des *Totenbuchs. Papyrus Hunefer*

◀ Stele mit der Darstellung eines Leichenschmauses. XI. Dynastie (um 2133 –1992 v. Chr.) – Louvre

schönten Gesichtsspezialisten – sozusagen die »Kosmetiker« – das Aussehen des Toten. Lippen und Fingernägel, Handflächen und Fußsohlen wurden gefärbt, die Nasenflügel verstopft, um ein Auslaufen der Schädelsäfte nach der Entfernung des Gehirns zu verhindern. Wenn die Mumie fertig war, wurde sie wie ein Schlafender auf dem Totenbett ausgestreckt. Der Kopf ruhte auf einem steinernen Kissen; er war eingeschlossen in seinem Mumienkarton, auf den man Augen gemalt hatte, mit denen er das Universum des Jenseits zu schauen vermochte.

Was uns Herodot über die bei den alten Ägyptern praktizierte Kunst der Einbalsamierung berichtet, ist von den Archäologen bestätigt worden. »Eine Inschrift aus dem Grab eines hohen Beamten«, schreibt Erman, »ist in dieser Hinsicht gleichfalls interessant: ›Eine schöne und friedliche Grablegung wird stattfinden, wenn deine siebzig Tage der Einbalsamierung vergangen sind und man dich auf dein Totenbett gelegt ... Makellose Stiere werden dich mitnehmen ... Deinen Weg wird man mit Milch besprengen, bis du dein Grabmal erreicht hast. Der Priester wird deinen Mund öffnen und deine Reinigung vollenden. Horus wird deine Lippen, deine Augen und deine Ohren öffnen. Ganz nahe ist dein Körper nun der Vollkommenheit in allem, was zu dir gehört. Man wird für dich die Litaneien des heiligen Buches sprechen. Man wird dir ein Grabopfer darbringen und die vorgeschriebenen Opfergaben vor dir niederlegen. Dein Herz wird in dir sein, wie es war, als du über der Erde weiltest. *Du wirst eindringen in deinen Körper wie am Tage deiner Geburt.* Vordringen wirst du in die Erde, in die Berge des Westens, und frohlokkend werden sich dir die Tänzer des Begräbnisses nahen.‹«

Herodot berichtet, daß sich die Einbalsamierer bei armen Leuten »mitunter an den toten Frauen vergingen, die ihnen anvertraut waren, wenn es sich noch um junge Tote handelte«. Die toten jungen Frauen wurden erst nach drei Tagen zu den Einbalsamierern gebracht. Herodot, wie immer ausgezeichnet informiert, teilt uns interessante Einzelheiten über die mitunter etwas legere Art und Weise mit, in der die alten Ägypter mit denjenigen umgingen, deren Verwandte oder Freunde zu arm waren, um dem Verstorbenen ein »anständiges« Begräbnis bieten zu können, d. h. eine Mumifizierung erster oder zweiter Klasse.

Die thebanischen Einbalsamierer boten verschiedene preisgünstige Ausführungen von Mumienkartons an,

Das festlich geschmückte Ehepaar auf dem tierbeinigen Stuhl sitzt in einer über ein Jahrtausend hinweg überlieferten Haltung: die Linke des Mannes greift (auf dem Bild nicht zu sehen) nach den Nahrungsmitteln auf dem Opfertisch, mit der rechten Hand umfaßt er ein Zeichen des Mächtig-Seins (auf unserem Bild das Sechem-Szepter) oder die Lebensschleife. Seine Gattin hält eine Lotosblume und trägt eine weitere auf der Stirnseite ihres Hauptes gleichsam als Hoffnung oder auch magisches Pfand eines neuen Lebens. Grab des Sennufer, Bürgermeister von Theben z. Z. von Amenophis II.

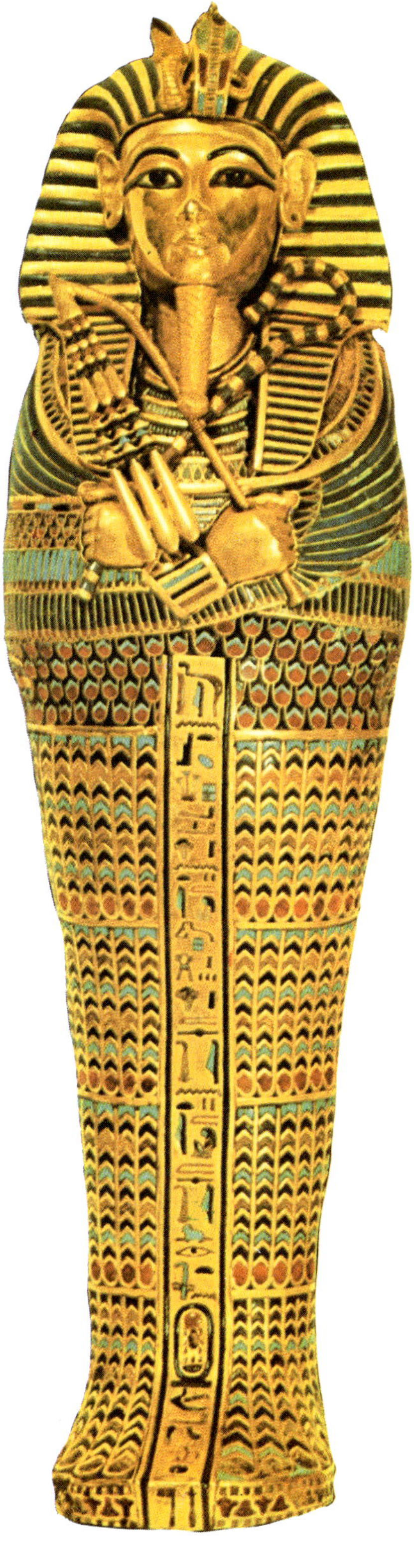

Links: Einer der vier Eingeweidesärge des Tut-ench-Amun. Der senkrechte Hieroglyphentext lautet: »Spruch der Isis: Ich lege meine Hand auf das, was in mir ist, ich gewähre Schutz für Imset, der in mir ist, für Imset, den königlichen Osiris Tut-ench-Amun, den Gerechtfertigten vor dem vollendeten Gott.«
Rechts: Ein Uschebti. Die vier senkrechten Hieroglyphenkolumnen zitieren das 6. Kapitel des Ägyptischen Totenbuches.

die mit mehr oder weniger Kunstfertigkeit verziert waren. Man wählte dasjenige Modell, das man haben wollte, und feilschte um Preis und Qualität. Herodot verbirgt kaum seine Entrüstung, wenn er in der guten Stadt des Amun Zeuge eines solchen Handels zwischen dem Künstler und den Verwandten des teuren Verstorbenen wird, die zwar nicht den geziemenden Preis erlegen wollen, nichtsdestoweniger aber das Maximum an Amuletten fordern, einschließlich des Skarabäus des Herzens, der von Betrügern, die sich auf Kosten der Gerechtfertigten zu bereichern wissen, womöglich schon dreimal aus der nahe gelegenen Nekropole gestohlen worden ist. Während sich die Verhandlungen hinziehen, heulen Klageweiber durch die Gasse – nicht ganz unparteiisch oder desinteressiert an dem Geschäft – und streuen sich mit pathetischer Gebärde Sand aufs Haupt, um die Perfektion ihres professionellen Schmerzes darzutun. Es sei auch die Witwe erwähnt, die den Leichnam ihres Mannes verpfändet, um sich einige Krüge Bier zu leihen. Dabei darf man nicht böswillig unterstellen, daß diese Krüge Bier dazu herhalten mußten, den Schmerz der Witwe zu lindern. Nein, sie wurden fromm dem Gatten geopfert, neben ihm wurden sie niedergestellt, auf daß er sich in seinem Grabe ebenso erfrischen könne, wie er sich in seinem Haus, an den Ufern des Nils, zu erfrischen pflegte.

Für die kleinen Leute eine Ochsenhaut und ein Papyrus mit einem Gebet aus dem »Totenbuch«. Für die Armen eine Grube im Sand der Libyschen Wüste

Die kleinen Leute, die sich weder den Luxus-Mumienkarton noch Klageweiber, noch Amulette leisten konn-

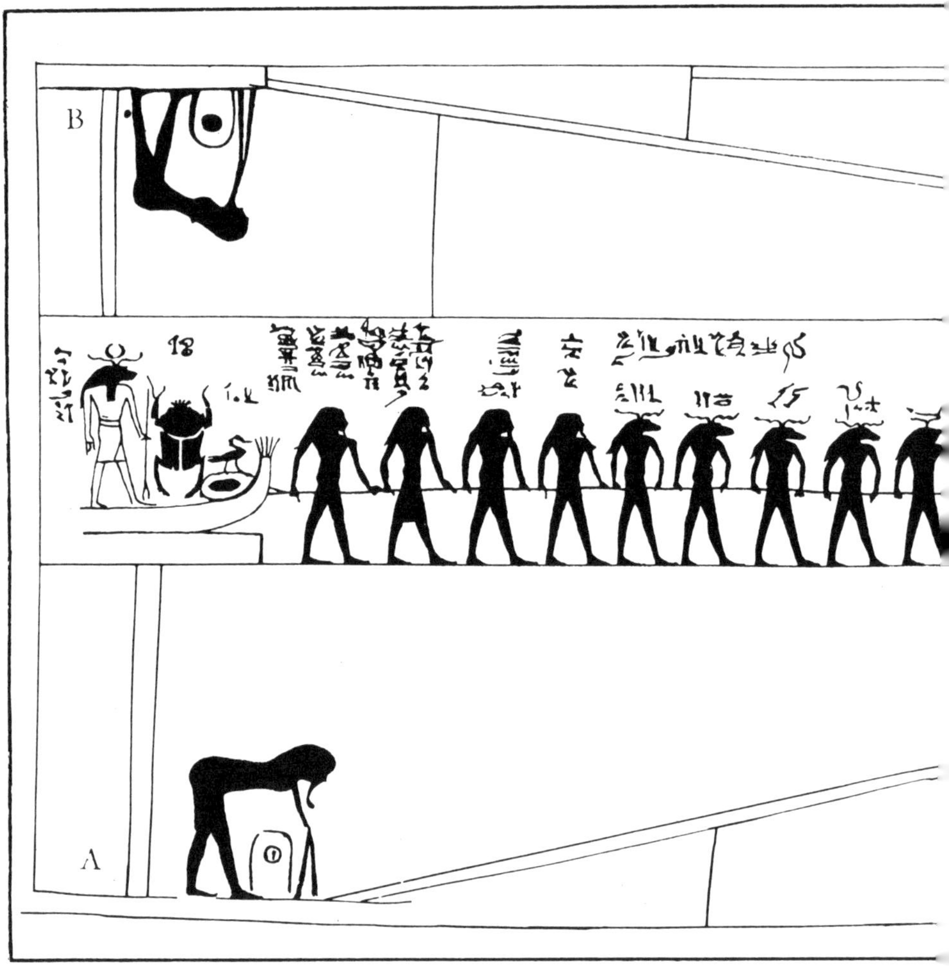

Links, unten und oben: die *Atebui*-Götter am Beginn des Tunnels der Nacht, dessen Eingang jeweils von einem Gott bewacht wird. Jeden Morgen tritt die Morgensonne mit ihrem anubischen Licht, das für den Toten-in-Osiris »das Licht des Herausgangs an den Tag« ist, durch den Atebui unten (A) hervor. Sie steigt am Himmel empor und befindet sich nach der Hälfte ihrer täglichen Reise auf der Vertikale des himmlischen Nils, bei C (über der Sonne Horus und der widderköpfige Chepre). Dann sinkt sie wieder und verschwindet schließlich beim Atebui oben (B). Nun wird sie zur Sonne mit dem sethischen Licht, dem Licht der unterirdischen Welt. –

Links: Die Sonnenbarke wird von den zwölf Göttern der zwölf Stunden des Tages den Nil entlanggezogen. In der Barke erkennt man den Benu-Vogel von Heliopolis, das Symbol der Allseele des Osiris und von daher das Symbol einer jeden Seele in der Fülle ihrer Manifestationen. Ferner sehen wir Chepre, »der sich selbst die Form gibt«, und einen Sonnengott mit Widderkopf. – *Unten und oben rechts:* die sieben Götter des Ostens, mit dem Horuskopf, stehen am östlichen Ufer des Nils, und die sieben Götter des Westens, mit dem Menschenkopf, am westlichen Ufer. Sie begrüßen das Erscheinen der Sonnenbarke. – *Papyrus Netchemet*, Brit. Museum

ten, wurden von den Einbalsamierern und ihren Lehrjungen am Fließband abgefertigt. Man vereinfachte die Verrichtungen, um Kosten zu sparen. Die Leichen wurden an einer Art Metzgerhaken aufgehängt, und nach der Entfernung der Eingeweide legte man sie übereinander in riesige Bottiche, die jeweils fünf Leichen faßten, wenn es sich um Erwachsene handelte. Dann ließ man die Leichen dreißig Tage in einer Salzlösung liegen. War die Mumifizierung beendet, holten die Verwandten oder Freunde den Leichnam wieder ab.

Wer sich keinen Sarg leisten konnte, wickelte den Toten in eine Ochsenhaut und legte einen Papyrus dazu, der Zauberformeln, Litaneien aus dem *Totenbuch*, enthielt. So präsentiert sich der Verstorbene, wie elend er auch zu seinen Lebzeiten gewesen sein mag, dank der magischen Formeln und Litaneien vor dem Totengericht, um gerechtfertigt und den Göttern gleich zu werden und denselben Titel zu tragen wie die mächtigsten oder begütertsten Untertanen des Pharao. Was aber jene betraf, die in dieser Welt der trügerischen Erscheinungen nicht einmal soviel hatten, um sich einen Platz in einem der öffentlich unterhaltenen Grabschächte zu sichern, so wurden sie hastig und ohne Förmlichkeiten in einer Sandgrube am Rand der Libyschen Wüste bestattet, an einen Palmzweig gebunden oder in gebückter Haltung zusammengeschnürt, um weniger Platz wegzunehmen. Manchmal huschten in einer nicht allzu

Auf diesem Bild zeigt sich die Dame Anhai vor den Gefilden der Seligen, durch die Kanäle zur Bewässerung der fruchtbaren himmlischen Regionen fließen. Unten rechts erkennt man, daß sich ein Kanal gabelt, um die Barke ohne Fährmann, das Symbol der Auferstehung der Seele, mit der siebenstufigen Himmelsleiter gleichsam in himmlische Sphären emporzuheben. – Kapitel 110 und 125 des *Totenbuchs. Papyrus Anhai*

mondhellen Nacht durch die Nekropole, die den reichen Ägyptern vorbehalten war, Schatten, die einen auf Rabatt einbalsamierten Leichnam trugen. In aller Eile beerdigten sie ihn neben einem Fürstengrab, damit er von den Ehrungen und Opfern profitierte, die den Reichen regelmäßig dargebracht wurden. Immerhin war auch dies ein Akt der Ergebenheit und Liebe zu dem Verstorbenen, und man hoffte, daß er in einer Welt berücksichtigt würde, wo man nur steinreich oder bettelarm sein konnte.

Das Heiligtum von Hermopolis

Die Archäologen haben in den Nekropolen des alten Ägypten auch eine Reihe mumifizierter Tiere entdeckt. Wir nennen unter diesen Funden nur Katzen, Falken, Schlangen, Ibisse, Ratten, Kröten, gewöhnliche Mistkäfer, deren Reste man in kleinen Bronzegefäßen verwahrte, ferner die Affen, die heiligen Stiere und sogar die Echsen, diese gräßlichen Wasserungeheuer, die ihre eigene heilige Stadt besaßen, Krokodilopolis im Fajjum.* Die Priester behandelten diese heiligen Tiere mit Ehrfurcht, wachten über ihr Wohlergehen und begruben sie mit demselben Zeremoniell, als wenn es sich um die Grablegung des Pharao persönlich gehandelt hätte. Über Hermopolis, das den Ibissen geweihte große Heiligtum, gerieten die Griechen außer sich vor Entzücken angesichts der Schönheit der Tempel, der Gärten und der Teiche, in denen es von jenen unberührbaren Vö-

* Zur Tierverehrung vgl. E. Hornung: *Die Bedeutung des Tieres im alten Ägypten* (Studium Generale 20/1967).

geln wimmelte, die Aussicht auf eine Mumifizierung erster Klasse hatten. In unseren Tagen hat man einen in den Felsen gehauenen, riesigen unterirdischen Saal entdeckt, in dem die heiligen Ibisse einbalsamiert und mumifiziert wurden, nachdem die Priester die Litaneien des *Totenbuchs* hergesagt hatten. Aber geben wir dem Archäologen Cabra das Wort, der das Glück hatte, dieses Heiligtum zu entdecken: »Ein Labyrinth von unzähligen Gängen, z. T. 150 Meter lang, ist mit dem Saal der Einbalsamierung der heiligen Ibisse verbunden. Im Verlauf mehrjähriger geduldiger Arbeit sind viertausend Urnen mit Ibismumien in ausgezeichnetem Erhaltungszustand aufgefunden worden, die aus allen Gegenden des alten Ägypten nach Hermopolis geschickt wurden.« Aber das ist noch nicht alles: »In einem Saal, in dem ein Altar stand, entdeckten wir einen sitzenden Pavian und zwei aus Holz geschnitzte, vergoldete Ibisse. Alle drei Tiere starrten auf eine Tür, hinter der sich das Grab des Hohenpriesters Ankhor befand. Vasen aus Alabaster und 365 Statuetten aus schimmernder Fayence fanden beim Totenkult Verwendung. Unser Erstaunen war grenzenlos angesichts eines derartigen Ibis-Kultes in einem riesigen Palast 34 Meter unter der Erde!« Berühmt ist die Schilderung vom Begräbnis des heiligen weißen Apis-Stieres: »Der Pharao geleitete ihn zu seinem Grab, und der 200 Meter lange Trauerzug marschierte durch eine von 150 Sphingen gesäumte Allee. Vor der Kolossalstatue des Stieres, die aus einem einzigen, gelblich-roten Quarzblock herausgehauen war, zogen die Priester her.« Marquette, der um die Mitte des vorigen Jahrhunderts das Grab des Apis-Stieres entdeckt hat, schrieb diese Zeilen, die man auch heute noch schreiben könnte: »Man fragt sich, wie diese 3000 Jahre alten Kolossalstatuen zugehauen und spiegelglatt geschliffen werden konnten, da ja die ägyptischen Bildhauer noch nicht den Gebrauch von Stahlwerkzeugen kannten.«

Amulette und magische Worte

Amulette, Bezauberungen, magische Worte und Zeichen, kleine tragbare Stelen, die man sich um den Hals oder an die Tür hängt, haben zu allen Zeiten und bei allen Völkern eine beunruhigende Macht besessen. Die Ägypter bedienten sich dieser Gegenstände, um sich dem Fluch der bösen Geister und der unheilbringenden Skorpione zu entziehen oder um sich vor der Wut der Krokodile zu schützen, die böse wurden, wenn man sich anschickte, in ihrer Nähe den Namen des Re, der Sachmet oder des Thot auszusprechen. Sie malten zuvor geheimnisvolle Zeichen in die Luft, deren Bedeutung natürlich nur die Eingeweihten kannten. Ganz besonders fürchteten sich die alten Ägypter vor jenen dämonischen Kräften, die sich unverkennbar offenbaren – in allen Gestaltungen, Auferstehungen, Atemstößen, Weltenräumen, Jenseitsnächten, Flammen und Gewässern. Sie hatten auch Amulette im Gebrauch, um sich gegen die Toten mit bösem Willen zu schützen, »ihre diebischen Schatten einzuschließen«, denn es gibt im Totenreich Kinderräuber, so wie es in der Welt der Lebenden Grabräuber gibt. Sie nahmen zu jedem Mittel Zuflucht, daneben auch zu den bewährten, aber kostspieligen Diensten des *kher-heb*-Priesters, der aus dem *Totenbuch* rezitierte, des »chartum« des Alten Testaments. Er mußte ihnen die »Schnur mit den sieben Knoten« oder das Säckchen mit Mäuseknochen weihen, das nach einem seltsamen Volksglauben den Atem der

Götter zurückbringt. Wenn sich nun aber die Lebenden in unvorstellbarer Zahl der Amulette bedienten, so heißt das nicht, daß nicht auch die Toten welche gehabt hätten. Man bedeckte ihre Mumie damit und vergaß auch nicht, neben ihr den Zauberstab, den Stab des langen Weges, und unter ihrem mit Mumienbinden umwickelten Kopf die »Scheibe der Wärme« mit den fremdartigen aufgemalten Figuren niederzulegen.

KAPITEL 8

Meditation im Amuntempel

Die Sonne steht jetzt am höchsten. Von meiner Terrasse aus betrachte ich die Berge des Westens, wo so viele Pharaonengräber in den Stein gehauen wurden. Unter dem fahlblauen Himmel wirkt das Gebirge malvenfarbig, rätselhaft. Nilkähne mit aufgespanntem Dreieckssegel gleiten langsam über das Wasser. Auf der von mächtigen Sykomoren beschatteten Allee, die sich am Fluß hinzieht, trotten brave Esel friedlich dahin. Sie sind mit Töpferwaren und mit den im Februar reifenden Tomaten beladen. Auf ihrem Rücken sitzt rittlings ihr Herr, um ihre Augen wimmeln Fliegen. Auf den sorgsam bebauten Feldern am anderen Nilufer suchen sich zierliche Wiedehopfe ihre Nahrung. Etwas weiter weg, dort, wo der gelbe Sand schroff das Grün der Wiesen ablöst, liegt die riesige Stadt der Toten. Jenes Theben der Toten, das sich einst in der grandiosen Bergwelt an der anderen Nilseite erhob, dem kolossalen Theben der Lebenden gerade gegenüber, ist heute nur noch eine verlassene Stätte. Vergebens sucht man nach einer Spur der einstigen Größe dieser Stadt, die über Jahrtausende hinweg verschönert wurde, zum Ruhm der Toten, die den Göttern gleich werden. Was ist doch aus dieser heiligen Stadt geworden, die man nicht mehr wiederfindet, weder unter den Trümmerfeldern von Biban el-Moluk, über die sich die »Bergspitze des Westens« erhebt, noch in den Tälern, die unter der Sonne erglühen? Alles, was man hier noch sieht, sind ungestal-

Der Tote wird in der von Ochsen gezogenen Totenbarke zum »Haus der Ewigkeit« geleitet, das sich an der anderen Nilseite befindet. Neben der unter einem Baldachin ausgestreckten Mumie steht Anubis, der »Führer durch die Wege der Unterwelt«, der »Befehlshaber der Pforte des Durchgangs«, der »mit zwei Lichtern in die Nacht sieht«. Anubis, der Schutzpatron der Begräbnisse, be-

a b c

In der Gestalt eines Vogels schickt sich die Seele des Verstorbenen an, emporzusteigen zum Auge des Horus, »dem Auge des Lichts«, um sich mit dem Schöpfer-Licht zu verbinden und zu vereinigen und ihrerseits zu einem Tropfen der Quellen des Lebens zu werden.

Texte: »Ich komme an; ich umarme das *uzat*-Auge und werde mich vergnügen im Licht.« – »Ich bin es, der sein wird im Auge des Horus, und der belebende Duft des Horusauges wird meinen Körper reinigen.« – »Gesalbt mit dem *Anti*-Parfüm des Horusauges, werde ich ein Lichtgeist sein und die Glieder und Knochen der Toten-in-Osiris vereinigen können.« – (a) Nach einer Abbildung auf dem Sarkophag einer Amun-Priesterin im Kairoer Museum; (b) und (c) nach dem *Papyrus Nebt Habt* im Museum von Turin

gleitet den Verstorbenen, um ihn zu beschützen. Hinter der Totenbarke der in das rituelle Pantherfell gekleidete *kher-heb*-Priester, der ein Gefäß zum Besprengen und ein Räucherinstrument trägt. – *Papyrus der Königin Maken*, XXI. Dynastie (1085–950 v. Chr.), Biban el-Moluk, Theben. Museum von Kairo

Einer von 413 Uschebtis, die Tut-ench-Amun ins Grab mitgegeben wurden. Mit diesen 413 Figuren hatte der Pharao für jeden Tag einen Arbeiter, für jede Dekade einen Aufseher und für jeden Monat einen Oberaufseher (365 + 36 + 12).

te Kalksäulen, die vom Wüstensand so fein wie von Talkum geschliffen wurden, jähe Felsabstürze, enorme Felder zusammengestürzter Felsen.

Dieses Tal der Toten ist wie eine furchtbare Herausforderung aller menschlicher Prätentionen. Und doch: auf dieser Erde, die sich wieder ins Ur-Chaos verwandelt hat, auf diesem Boden, von dem es uns wie Höllenglut entgegenschlägt, hier stand und blühte einst die große, glänzende Stadt der Toten, mit den von widderköpfigen Sphingen beschützten Prachtstraßen, mit den Vororten, die den Einbalsamierungs-Meistern und den Bediensteten der unterirdischen Paläste dieser Riesen-Nekropole vorbehalten waren, mit den bemalten Grabtempeln, wie etwa dem Ramesseum, und den Kolossalstatuen der Pharaonen der XVIII. Dynastie, zwanzig Meter hoch, aus rotem Granit, aufgestellt mit dem Blick auf das andere Theben, das Theben des Amun, das Theben der Lebenden, deren Welt sich am anderen Nilufer erstreckte, so weit das Auge reichte, über Oasen und Heiligtümer. An diesen verwüsteten Stätten erhoben sich Tausende von Häusern der Ewigkeit auf den Hügeln, schmuck anzusehen mit dem farbigen Portikus, den papyrusförmigen Säulen, den Masten, an denen Fähnchen flatterten wie vor den Pylonen der Tempel im hunderttorigen Theben, mit den Pyramiden, die den Standort von Totengrüften markierten, und den Gärten, die man zum Ergötzen der Seelen anlegte, die von Zeit zu Zeit durch die Schächte der Mastabas in die Welt des Lichts und der Vegetation zurückkehrten, um im Paradies der Lebendigen das süße Blau des Nils zu genießen oder die unverhoffte Schönheit eines Abendrots. Und wenn die heiligen Festtage wiedergekommen waren, an denen man der Toten gedachte und für ihren Unterhalt sorgte, zogen die Thebaner im weißen Leinengewand zuhauf ins heilige Gebirge des Westens, um auf den Kulttischen Speisen niederzulegen und vor dem Doppelgänger der vielgeliebten Verstorbenen die magischen Formeln herzusagen.

Mit Horus, dem posthumen Sohn von Isis und Osiris, begann die eigentliche Weltzeit, und aus den Pharaonen wurden die *Erretter des Horus,* die legendären Könige der prähistorischen Epochen. Theben war es, wo die acht primordialen Götter starben; in dieser Gegend war es, wo die Toten ihnen Ehre erwiesen, so die gräßliche Zauberschlange Kematef von Medinet-Habu. In den Gäßchen von Luksor – am Mittag blendend weiß, gegen Abend aber malvenfarben – erzählen die alten Kopten mit Augenzwinkern noch heute, daß im heulenden Sturm die zürnende Seele Amuns von Nubien klagt und die Schänder der Gräber der Pharaonen verdammt, die doch Götter sind. Sie erzählen, daß die Myrrhe und die Düfte, die man des Abends atmet, wenn der Himmel in seiner ersterbenden Klarheit durchsichtiger wirkt, der Schweiß Hathors sind, der Göttin des Westens, die der Sonne und den Toten beisteht, wenn sie in die unteren Regionen vordringen. Diese echten Nachfahren der alten Ägypter sagen auch, daß Osiris, der Gott der Toten, im Wasser jenes Flusses, der sein Leib ist, immer gegenwärtig und wirksam und daß dieser Leib – dieser Fluß – Samen und Ausstrahlung aller Dinge sei, so wie das Blau des Nils die Widerspiegelung des himmlischen Nils ist, an dessen Ufern sie in der künftigen Ewigkeit ihre Felder ernten werden.

Es ist Nacht geworden. Die alten Männer haben sich auf die Schwelle ihrer weißen Häuser gesetzt und unterhalten sich miteinander. Die jungen Burschen in der Djellaba lachen über das ganze Gesicht und fassen sich

Die Seele erhebt sich aus der Lotosblume zu neuem Leben; die senkrecht verlaufenden Zickzacklinien in dem Rechteck deuten das Urwasser an. Jede Wiedergeburt ist nur nach der Rückkehr in den ursprünglichen Zustand möglich. *Papyrus Ani*

Szenen aus dem *Papyrus des Nefer-Osiris.* Dargestellt werden die Beschäftigungen des »Toten-in-Osiris« auf dem himmlischen Jaru-Feld, den Gefilden des Rohrs oder des Schilfs. Der »Tote-in-Osiris« wird von den Göttern geschützt, nachdem er »seine Unreinheit abgetan« hat und »am Tag seiner Geburt geläutert worden« ist, d.h. am Tag seiner Auferstehung, dem ersten Tag seines eigentlichen, ewigen Lebens. – Louvre

bei den Armen. Wie unbeschreiblich süß sind diese ägyptischen Nächte am Ufer des Nils, trotz der Treibhaushitze, die sich in den Gassen hält. Die Lebensfreude ist hier ungetrübter, vielleicht auch sangesfreudiger. Und während unter meinen Schritten die Welt der Toten für die große nächtliche Prozession der Sonne erwacht, haben sich aus den Tiefen der Gewässer des »Gott-Flusses« Tempel erhoben, die jenen zu Luksor gleichen, wie man sie sieht, wenn man aus dem Tal der Könige zurückkommt.

Gruppen von Fellachen in der blauen oder weißen Galabieh begegnen sich und wechseln ein paar Worte. Sie sind auf dem Weg zu den Gräbern der Heiligen des Islam, um dort Votivbilder niederzulegen. Die Krämer schließen ihre winzigen Läden mit Spezereien und Goldwaren, die die menschlichen Illusionen nähren. Fröhliche Fellachenfrauen kommen vorbei, angetan mit Röcken in grellbunten Farben, die Augen vom *kohol* vergrößert, um sie schöner zu machen. Am morgigen Festtag werden sie sich mit Lavendel und Fenchel parfümieren, ihre Brust mit Geschmeide und Goldschmuck bedecken. Diese Schätze sind unantastbar, und selbst der Fiskus wüßte nicht, wie er ihrer habhaft werden sollte, so auffällig sie auch die Brust der Frauen zieren. Obgleich von sorglosem Wesen, ziehen diese Frauen es doch vor, sich durch eine Fayencescherbe, die sie vor ihre Haustüre legen, vor dem bösen Blick zu schützen. Sie wissen, wie man Nilfische pökelt und, wie zu Pharaos Zeit, Gänsefleisch einmacht. Scherzende und plappernde kleine Mädchen tragen Körbe voller gutem Tauben-Guano zum Levantiner, damit düngen die Bauern ihre Kräutergärten. Findet man hier doch noch die berühmten Weine von Koptos, die man den Fiebernden gab, um sie wieder zu Kräften zu bringen, diese Weine des Horussterns, die derartig berühmt waren, daß keine Amphore mit diesem Wein verschickt wurde, auf deren Bauch man nicht vorher den Jahrgang geschrieben hatte.

Es ist Nacht geworden ... Ich höre die hellen Stimmen der Kinder, den letzten Schrei des pfiffigen Wiedehopfs auf dem Feld. In der Ferne beschwört ein Derwisch mit seinem Singsang die Heimsuchung der Djinne herauf. Die Kobra von Karnak, diese berühmte zahme Kobra, deren Kunststücke ihr Besitzer vor der Kamera präsentiert, wird jetzt zusammengeringelt in einem Mauerwinkel liegen. Bald wird der Mond über der Spitze der Berge des Westens erscheinen und die osirischen Kolosse sichtbar machen, die Wache halten über die Höfe der Grabestempel, die heiligen Seen und die ganze Unermeßlichkeit der Ruinen. Diese gibt es überall, so weit das Auge reicht. Wir können uns das hunderttorige Theben und den Glanz dieser ägyptischen Zivilisation ausmalen, denn wir entdecken sie Stück für Stück im geheimnisträchtigen Schoß der Erde und in den Tiefen der Nekropolen, deren Gräber schon vor dreitausend Jahren geschändet wurden. Ihre Wandmalereien erzählen uns jedoch, was es auf sich hatte mit jener Welt, die im *Totenbuch* beschrieben ist. Ich tauchte in eine Zeit, die dreitausend Jahre zurückliegt, als ich an diesem Abend den uralten Kai entlangging, wo einst die heilige Barke des Amon-Re festmachte, am Tag der jährlichen Prozession, während welcher der Gott mit seinem Volk die Tempel von Theben besuchte. Ich ging an den vierzig Sphingen vorbei, die auf ewig den Eingangspylon des Amuntempels bewachen. Unheimlich hallten meine Schritte auf den Steinfliesen des Hypostylensaals. Ich sah an seiner Decke Sternbilder funkeln, quer über die einhundertunddreißig Granitsäulen von

Assuan, die uns wie die Seiten eines Buches die lange Geschichte der Götter und Pharaonen Ägyptens erzählen, der glücklichen Eroberungen und der Bündnisse, die durch »gute Friedens- und Freundschaftsverträge« besiegelt wurden. Unter der Klarheit des Mondes glaubte ich, daß sich für mich allein die Pforten des Himmels auftun würden, wie sie sich vor den Toten öffneten, die von den Göttern gerechtfertigt worden waren. Doch auf den Steinfliesen der Tempel haben die Schritte der Eingeweihten keine Spuren hinterlassen, nicht ein Stäubchen. Nur der Himmel ist derselbe, mit den Planeten, den Sternen, den Galaxien, den untergehenden, toten Welten im Widerschein geborstener Sonnen. Nur der Himmel ist derselbe, wie er es in einer ähnlichen Nacht vor Tausenden von Jahren war, derselbe, wie ihn vielleicht die Menschen in jener legendären Epoche der Pharaonen fürchteten, von denen jeder fünfzigtausend Jahre regierte.

Die Wiedehopfe sind schon lange in den Tempelruinen schlafen gegangen. Unbeweglich stehen die Palmenhaine. Wo sind die fünfzig Meter hohen Obelisken geblieben, die vor dem siebenten Pylon des Heiligtums von Karnak standen und je 350.000 Kilogramm wogen? Wo sind die Monumentalbildnisse der Könige, die man im Tempel aufstellte, »damit sie so lange dauern, wie der Himmel dauert, und damit sie von jenen betrachtet werden können, die dreißig Jahrhunderte und abermals dreißig Jahrhunderte später kommen«? Wo sind die Kolosse des Ramesseums, die ein Gewicht hatten von je einer Million Kilogramm? Wo die hundert Tore der Ptolemäer, die die antiken Portale der heiligen Einfriedung Thebens, vierzehn Meter hoch und mit Gold und Emailpaste geziert, wieder aufrichten wollten? Was ist aus der *Userhat*-Barke geworden, der von sechzig Ruderern gezogenen Amunbarke, deren Verschalung von Gold funkelte und mit Basreliefs geschmückt war? Das an den Ufern des Flusses versammelte Volk begrüßte diese Barke am Tag des »Festes des Tals«, wenn es sie den Nil hinabziehen sah, während vor dem Amunfahrzeug der mystische Einbaum mit den drei Amunbegleitern fuhr: Anubis, der im Bug steht als »Öffner der Wege des Südens«; Chnum, der die Menschenwesen aus Lehm gemodelt und das Welten-Ei gebildet hat, dessen Innenraum die jeden Tag wiederkehrende Sonne erfüllt; und Horus, noch nicht als Herr der Mitte des Kosmos, sondern der Horus der Götter aus den Pyramidentexten. Was ist aus der *Userhat*-Barke mit ihren dreißig Priestern geworden, die Sperber- und Schakalsmasken trugen? Mit diesem jährlichen Fest des Tales verknüpften sie die Erinnerung an die ältesten, vorgeschichtlichen Hauptgötter Ägyptens. Was ist aus den Alabasterkapellen geworden mit ihren Basreliefs, auf denen das Leben der Götter und Pharaonen dargestellt war, was aus den fünftausendzweihundert Statuen, die Amun gefügt hat, Besitzer eines Achtels des Niltals und Lenker des Geschicks der Pharaonen, bevor sie noch gezeugt waren? Wo bist du, Ramses IV., »wahr in deiner Stimme«, wie es dich das *Totenbuch* gelehrt hat, der im Tempel der Göttin Ament eine Statuette opfert, im Angesicht des mit Sonne und Schlange symbolisch gekrönten Horus, und der dafür das *anch*-Zeichen zurückbekam, das Zeichen des Lebens, den Schlüssel aller Geheimnisse, das Henkelkreuz mit dem Kreis ohne Anfang und Ende? Doch der Vogel der Finsternis hat seinen Schrei ausgestoßen, und das Phantom des Pharao oder seines Doppels ist hinter den durchlässigen Mauern des Tempels verschwunden, der in architektonischer Gestalt die goldene Zahl darstellt. Auf den hohen, le-

Vogelseelen beten die Aufgehende Sonne an, die von einem Löwenpaar (Aker) getragen wird. – Vignette aus dem *Papyrus Amenemsaf*, Louvre

bendigen Säulen der offenen oder verschlossenen Grabtempel, vom Architekten als Imitation der Bewegung gedacht, kann man die verschiedenen Mondphasen ablesen. Welche Mysterien wurden in den unterirdischen Krypten entschleiert, die den Nicht-Eingeweihten verschlossen blieben, wenn das Drama des Osiris-Todes begangen und inmitten der Schatten die Vielfalt seiner Auferstehung beschworen wurde? In der heiligen Nacht von Abydos, in der heiligen Nacht von Karnak, in der Nacht der Zeiten vernehme ich die Priester des Amun bei ihrem Gesang, und ich sehe die Menge, die mit blumenbeladenen Händen zu den Terrassen der Tempel zieht, um anzubeten. Die göttlichen Frauen, die die Götter dieser Welt und die Götter der anderen Welt anbeten, geschmückt mit Malachitgeschmeide und in Leinen gekleidet, die Konkubinen der Götter mit den Tiergesichtern sind vergnügt und freuen sich. Nach den heiligen Tänzen zu Ehren Amuns, bei denen sie das Sistrum schlagen, das magische Musikinstrument, das die bösen Einflüsse verjagt, werden sie sich der Tempelprostitution ergeben und in das Haus des Amun von Theben ziehen. Er ergreift sie und vereinigt sich mit ihnen, und wenn sie »zum Himmel hinausgehen«, also sterben, werden die Gattinnen des Amun zu Sonnenscheiben in jenem unermeßlichen Reich, das allen Toten verheißen ist. Die Hohenpriester, die »Öffner der Pforten des Himmels«, sehen sie mit unerlöschlichem Glanz im Himmel jener erstrahlen, die vor Osiris gerechtfertigt und von ihm gerufen wurden »nach der Nacht der Wägung des Worts«. Langsam ersteigen sie die sieben Stufen des Weges in die unerforschliche Ewigkeit, zu den Pforten, die sich vor den unwandelbaren Toten auftun, vor den Lichtgeistern der obersten Hierarchien, vor den Gestaltungen der Zerstörung und denen der Wiedergeburt, vor Re, der auf seinen Pfeilern sitzt, wie es seit Anbeginn der Zeiten im *Totenbuch* steht.

Denn alle Dinge stehen seit Ewigkeit geschrieben im Totenbuch

Verzeichnis der Götter und wichtiger religionsgeschichtlicher Begriffe

Abydos — Hauptkultort des Osiris, angeblich mit dem Grab des Osiris. Begräbnisstätte der Könige der 1. und 2. Dynastie, spätere Herrscher ließen ein Scheinbegräbnis durchführen. Seit dem Mittleren Reich ließen viele Ägypter ein Kenotaph anlegen, um so an den Osirisfeiern (einschließlich Auferstehung) teilnehmen zu können.

Aker — Chthonische Gottheit, dargestellt durch zwei sich den Rücken zukehrende Löwen (Ein- und Ausgang der Unterwelt).

Amaunet — Urgöttin, weibliches Gegenstück zu Amun; in ptolemäischer Zeit Verkörperung des (belebenden) Nordwindes.

Amenti — Reich der Toten. Osiris hatte den Beinamen »Stier der Amenti«, d. b. Allgewaltiger der Unterwelt. In Gegenüberstellung zur Duat ist Amenti der westliche Teil der Unterwelt.

Amun — *(Amon,* griech. *Ammon)* Hauptgott von Theben, Schöpfergott. Sein Name wurde schon in altägyptischer Zeit als der »Bleibende« gedeutet, als Lebenshauch, der in allen Dingen bleibt.

Ancham — Blumenstrauß oder Blumenkranz (das ägypt. Wort hat den gleichen Lautbestand wie »Leben«); sollte den Toten die göttliche Lebenskraft vermitteln.

Anch-Zeichen — Hieroglyphisches Zeichen für dauerndes Leben; auf Grab-, Sarg- und Tempelwänden Symbol der unvergänglichen Lebenskraft; auch als Lebensschleife und (unter christlichem Aspekt) als Henkelkreuz bezeichnet.

Apophis — Dämonisches, schlangengestaltiges Wesen, Gegner des Sonnengottes und der Toten auf ihrer Jenseitsreise.

Arrits — Pforten zu den sieben Regionen der Duat.

Ba — Geistige, todüberdauernde Kraft des Menschen. In Grabmalereien und im Totenbuch wird die Ba-Seele in Vogelgestalt wiedergegeben. Der Ba ist auch die sichtbare Erscheinungsform der Götter.

Benu	Der heilige, sonnenhafte Vogel Phönix; in den Pyramidentexten mit dem Gott Re verbunden, im Totenbuch auch als Morgenstern oder als Erscheinungsform des Osiris erklärt.
Buto	Mythische Königsstadt, in geschichtlicher Zeit nur von religiöser Bedeutung. Die alten Könige von Buto genossen als »Seelen von Pe« halbgöttliche Verehrung, im »Totenbuch« werden sie von Toten angebetet.
Chepre	Von selbst entstandener Urgott in Käfergestalt. Der Skarabäus (heiliger Pillendreher) galt als sein irdisches Bild. In Beziehung zur Sonne gesetzt galt er als deren morgendliche Form.
Djed	Prähistorischer Fetisch, dann Symbol für »Dauer«, »Überwindung des Todes«, schließlich Symbol des Osiris (als dessen Wirbelsäule gedeutet) und – im Hinblick auf den Toten – des »wiederhergestellten« Körpers.
Duat	*(Dat)* Unterwelt, in die das Tagesgestirn versinkt, um sie des Nachts zu durchwandern. In der Pyramidenzeit verstand man darunter den Nachthimmel.
Geb	Erdgott, Gatte der Zimmelsgöttin Nut. Im Jenseits leitet er die ersten Schritte der Toten.
Hah	Personifikation der Endlosigkeit. In ihm verkörpern sich die »Millionen von Jahren«, die die Götter als Ausdruck ewiger Dauer dem König verleihen.
Harachte	»Horus vom Horizont«, in menschlicher Gestalt mit Falkenkopf dargestellt.
Hathor	Himmelsgöttin, in Theben als Schutzgottheit der Totenwelt verehrt, mit Kuhhörnern oder in Gestalt der ihr geheiligten Kuh wiedergegeben.
Heket-Stab	*(heka)* Krummstab, ursprünglich Hirtenstab, Szepter des Osiris.
Heliopolis	(ägypt. *Junu,* biblisch *On)* Bedeutender religiöser Ort, mit Sonnenkult und Phönix-Mythos verknüpft; als Stätte des Lichtes auch in das Jenseits projiziert.
Herakleopolis	Mythischer Ort des Kampfes zwischen Seth und Horus, dem »Herrn des Triumphes«. Es ist auch die Stätte, an der das Sonnenauge die Menschen vernichtet.
Ihi	Jugendlicher Sohn der Hathor (von Dendera), der aufgehenden Morgensonne gleichgesetzt. Der Tote

	vergleicht sich mit ihm, um sich der magischen Kräfte seines Sistrums (Musikinstrument) zu versichern.
Isis	Schwester und Gattin des Osiris (sterbende Sonne) und Mutter des Horus (neugeborene Sonne). Sie gewährt – an Sargwänden dargestellt – dem Toten Schutz und fächelt ihm Lebenskraft zu.
Jaru	*(Jalu, Earu)* Jenseitsland der Seligen, »Felder der Binsen«, wo der Tote pflügen, ernten, essen, trinken und im Kreise seiner Lieben weiterleben kann.
Jat	Region, Bezirk der Unterwelt, auch in der Bedeutung von Seinsstufen nach dem Tode. Insgesamt werden 14 Jats aufgezählt.
Ka	Lebenskraft, die den Menschen als eine Art Doppelgänger begleitet und nach seinem Tode weiterexistiert.
Kher-heb-Priester	*(cheri-heb)* Vorlesepriester, der das ganze Ritual überwacht. Im Totenkult der Balsamierer, der die Mumifizierung der Leiche vornimmt.
Maat	Personifikation der Wahrheit und Weltordnung, als Göttin mit Straußenfeder auf dem Haupt dargestellt. Beim Totengericht wird des Toten Herz auf der Waage der Gerechtigkeit gegen die Feder der Maat (= Symbol der Wahrheit) gewogen.
Mehit	Löwengestaltige Göttin, oft mit dem vernichtenden, feuerspeienden Uräus, dem Auge des Re, identifiziert, später auch mit Hathor verschmolzen.
Mehurt	*(Mehet-uret, Methyer)* Mythische Kuh, die aus dem Urgewässer auftaucht und die Sonne gebiert. Als Himmelskuh verschmilzt sie mit Hathor. Der Tote hofft, von ihr – der Sonne gleich – zum Himmel geboren zu werden.
Mezet-Salbe	*(medet)* Im Totenritual ist das Salben nicht nur mit dem Gedanken der Reinigung verbunden, sondern auch mit dem der Wiederbelebung. Von der *medet* heißt es, daß sie aus des Horus Augen hervorgegangen sei.
Nechbet	Landesgöttin von Oberägypten, als Geier oder mit dem Balg eines Geiers dargestellt. Im Neuen Reich als Geburtsgöttin verehrt.
Nefertem	Vergöttlichte Lotosblume, Spender des Wohlgeruchs. Durch die solare Symbolik des Lotos rückt Nefertem in die Nähe des Sonnengottes, wird zum Sonnenkind.

Neith	Kriegsgöttin; Pfeil, Bogen und Schild sind ihre Attribute. Zusammen mit Isis, Nephthys und Selket wacht sie als beschützende Totengöttin an des Osiris Bahre.
Nephthys	Erscheint immer zusammen mit Isis, mit der sie den toten Osiris beweint und den toten Menschen beschützt.
Neschmet-Barke	Boot des Osiris, in welcher der Gott als vom Tode Erwachter zurückkehrt.
Nun	*(Nu)* Personifikation des kosmischen Urwassers, aus dem die Welt (Erde, Urhügel) hervorkommt, in Memphis mit Ptah verschmolzen.
Nut	Göttin des Himmels und Mutter des Sonnengottes Re, den sie am Abend in sich aufnimmt und am Morgen wieder gebiert. Als Herrin des Sarges ist sie mit der Auferstehungssymbolik verknüpft.
Re	*(Ra)* Sonnengott, der in der Barke, Sonnenschiff, über den Himmel fährt, begleitet von Thot und seiner Tochter Maat, der Weltordnung. In der Barke des Re wollen die Toten (zu einem neuen Leben) mitfahren.
Re-Harmachis	Verschmelzung von Re und Horus, das bedeutet die Vereinigung aller sonnenhaften, todüberwindenden Kräfte.
Ro-Setau	*(Re-Stau)* Nekropole, Eingang in die Unterwelt, Teil des Totenreiches, später allgemein jenseitige Osirisstätte und deshalb von den Toten ersehntes Ziel.
Ruti	In Leontopolis verehrtes Löwenpaar, dem die Morgen- und die Abendbarke zugehören. Durch die Gleichsetzung des Toten mit Ruti soll ihm die Wanderung (Fahrt) am Himmel ermöglicht werden.
Sais	Seit dem Alten Reich Ziel einer rituellen Bootsfahrt des Toten; im Totenbuch als jenseitiger Ort verstanden.
Schesmu	Keltergott, der den Toten Wein als lebenerhaltendes Getränk reicht, den Sündern aber die Köpfe herunterreißt und sie in seiner Kelter auspreßt.
Schu	*(Schow)* Herr der Luft und des Luftraumes, daher auch Himmelsträger. In Sprüchen wird der Tote an die Stelle des Schu gerückt, um so der Lebensluft teilhaftig zu werden und Macht über die vier Winde des Himmels zu bekommen.

Sechem	Machtbegabte Wesen; die Götter sind die großen Sechem. »Die Dinge des Sechem kennen« bedeutet selbst mächtig (den Göttern ähnlich) werden.
Sehat-Hor	Kuhgestaltige Göttin, die Horus gesäugt und gepflegt hat.
Sekht-Hotep	Felder des Friedens, himmlische Gefilde.
Selket	*(Serket, Selkis)* Schützerin der Lebenden und Toten, mit einem Skorpion auf dem Haupt dargestellt, seltener in Gestalt des Tieres. Mit Neith, Isis und Nephthys wacht sie an des Osiris Leiche und schützt den Toten mit ihren Zaubersprüchen.
Sempriester	Hoherpriester, oft im Dienste des Königs oder ihn vertretend. Im Ritual der Mundöffnung spielt er die Rolle des (Königsgottes) Horus. Sein Abzeichen ist ein Pantherfell.
Sokaris	*(Soker, Seker)* Als Nekropolengott Herr des Eingangs in die Unterwelt und Totengott, später mit Ptah und Osiris gleichgesetzt. Das Fest des falkenköpfigen Gottes wurde zu einem Totenfest, dessen Höhepunkt die Prozession mit des Sokaris Barke bildete.
Sothis	Mit dem Sirius (Stern) gleichgesetzt. Ihr Erscheinen am Himmel kündet die für die Landwirtschaft lebensnotwendige Nilüberschwemmung an. Sothis ist Göttin des belebenden Wassers und reinigt auch den Toten.
Suchos	*(Sobek, Sebek)* Krokodilgott, ab dem Mittleren Reich oft mit Horus oder Re gleichgesetzt. Seine Beziehung zum Wasser ergibt eine Verbindung zu Osiris.
Tefnut	Weibliche Ergänzung zu Schu, beide auch mit dem Löwenpaar Ruti identifiziert. Tefnut wurde zunächst mit dem Mondauge verbunden, dann aber auch mit dem Auge des Re.
Tet	Symbol der Isis, u. a. als ihr Blut interpretiert und Isisblut genannt. Am Halse der Toten soll das Tet-Amulett (im Material ein roter Halbedelstein) den Schutz der Isis vermitteln.
Thot	*(Dehuti)* Gott des Mondes, der Zeitrechnung und der Weisheit, mit Ibiskopf oder in Gestalt eines hokkenden Pavians dargestellt. Im Sonnenschiff begleitet er Re auf seiner Tagesfahrt. Als Schützer des Osiris wird er auch zu einem Helfer der Toten.

Toeris	*(Taweret)* Nilpferdgöttin, aufrechtstehend mit menschlichen Brüsten und Armen dargestellt. Ihr Attribut ist die Sa-Schleife (Symbol des Schutzes). Der Tote erhofft sich von ihr Hilfe zu seiner (Wieder-) Geburt im Himmel.
Tua-Öl	Der mit dem Öl Gesalbte strahlt und wehrt die Mächte des Dunkels ab.
Tum	Urgott, der schon vor Sonne und Mond existierte und im Gegensatz zu den anderen Göttern den Tod nicht kennt. Indem der Tote sich mit ihm identifiziert, erhofft auch er die Unsterblichkeit zu erlangen.
Uräus	Vom König getragene goldene Stirnschlange, als das feurige, sieghafte Sonnenauge gedeutet. Die Uräusschlange ist das heilige Tier der Uto.
Ureret-Krone	Kombination von weißer Krone mit der Federkrone. Sie gilt als Krone des ägyptischen Königtums und ist Symbol der irdischen Gottesherrschaft.
Uschebti	Kleine, gewöhnlich mumienförmige, ins Grab mitgegebene Figürchen, teils als Ersatzfigur des Toten, teils als seine Diener gedacht, die an seiner Stelle im Jenseits die Arbeit verrichten sollen.
Uto	Landesgöttin von Unterägypten mit Beziehungen zur Papyruspflanze und zur Uräusschlange, über letztere wird sie zum »Auge des Re«. Schützend umstrahlt sie mit ihrer Feuerglut den Toten.
Uzatauge	Sinnbild der Kraft des Lichtgottes, beliebtes Amulett auf Sargwänden und als Grabbeigabe.
Uzerhat-Barke	(*userhet*) Die große Barke des Gottes Amun.

Bibliographie

Allen, G.: *Horus in the Pyramidical Texts.* Chicago 1916
Allen, T. G.: *The Egyptian Book of the Dead.* Chicago 1960
Amélineau, E.: *Étude sur le Chapitre XVII du Livre des Morts*... (Journal Asiatique, Bd. 15 u. 16.) Paris 1910
Assmann, J.: *Der König als Sonnenpriester.* Ein kosmographischer Begleit-

text zur kultischen Sonnenhymnik in Thebanischen Tempeln und Gräbern (Abhandlungen des Deutschen Archäolog. Instituts Kairo. Ägyptolog. Reihe 7). Glückstadt 1970
Barguet, P.: *Le Livre des Morts des Anciens Égyptiens. Introduction, traduction, commentaire.* Paris 1967
Birch, S.: *The Funeral Ritual of the Book of the Dead.* London 1867
Blackman, A. M.: *The Ka-house and the Serdab* (Journal of Egyptian Archaeology, Bd. 3). London 1916
Bonnet, H.: *Reallexikon der ägyptischen Religionsgeschichte.* Berlin 1952
Buck, A. de: *The Earliest Version of the Book of the Dead* (Journal of Egyptian Archaeology). London 1949
Budge, Sir E. A. Wallis: *The Book of the Dead. Facsimiles of the Papyri of Hunefer, Anhai, Kerâsher and Netchemet, with Supplementary Text from the Papyrus of Nu.* London 1899
Capart, J.: *L'Art Égyptien. Études et Histoire.* Brüssel 1924
Capart, J.: *Une Rue de Tombeaux à Saqqarah.* Brüssel 1907
Capart, J.: *Chambre funéraire de la VIe Dynastie aux Musées Royaux du Cinquantenaire.* Brüssel 1906
Chassinat, E. und Palanque, Ch.: *Une Campagne de Fouilles dans la Nécropole d'Assiout* (Mémoires de l'Institut Français d'Archéologie Orientale). Kairo 1911
Clark, R. T.: *Myth and Symbol in Ancient Egypt.* London 1959
Davies, N. de Garis: *The Tomb of Nackht at Thebes.* With Plates in Color by L. Crane, Norman de G. Davies and F. S. Unwin of the Egyptian Expedition and Nina de Garis Davies (Publications of the Metropolitan Museum of Art. Robb de Peyster Titus, Memorial Series, Bd. 1. Hrsg. von Albert M. Lythgoe). New York 1917
Davies, Nina M.: *Ancient Egyptian Paintings, selected, copied and described by D.* With the Editorial Assistance of Alan H. Gardiner (Special Publication of the Oriental Institute of the University of Chicago). Chicago 1936. – Französische Übersetzung und Bearbeitung von Albert Champdor, Paris 1954
Demel, Hans von: *Der Totenpapyrus des Khonsou-mes.* Wien 1944
Desroches-Noblecourt, Ch.: Les Religions Égyptiennes (Histoire Générale des Religions). Paris 1948
Erman, A.: *Die Religion der Ägypter.* Berlin 1934
Faulkner, R.: *The Bremner-Rhind Papyrus. The Songs of Isis and Nephtys* (Journal of Egyptian Archaeology. Bd. 22). London 1936
Frankfort, H.: *The Cenotaph of Seti I at Abydos* (Egyptian Exploration Society). New York 1933
Garstang, J.: *Tombs of the Third Egyptian Dynasty at Reqaqnah and Bet Khallaf.* London 1904
Gauthier, H.: *Les Fêtes du Dieu Min.* Kairo 1931
George, B.: *Zu den altägyptischen Vorstellungen vom Schatten als Seele.* Bonn 1970
Hornung, E.: *Ägyptische Unterweltsbücher. Eingeleitet, übersetzt und erläutert.* Zürich, München 1972

Hornung, E.: *Das Amduat. Die Schrift des verborgenen Raumes.* 3 Bde. Wiesbaden 1963 – 1967
Jéquier, G.: *Considérations sur les Religions Égyptiennes.* Neuchâtel 1946
Jéquier, G.: *Les Frises et Objets de Sarcophages du Moyen Empire* (Mémoires de l'Institut Français d'Archéologie. Bd. 47). Kairo 1921
Kees, H.: *Göttinger Totenbuchstudien.* Berlin 1954
Kees, H.: *Der Götterglaube im alten Ägypten.* 2. Aufl. Berlin 1956
Kees, H.: *Totenglaube und Jenseitsvorstellungen der alten Ägypter.* 2. Aufl. Berlin 1956
Kolpaktchy, Gr.: *Das ägyptische Totenbuch.* 4. Aufl. München 1975. – Französische Ausgabe: Paris 1955
Lange, H. O.: *Der magische Papyrus Harris.* Kopenhagen 1927
Le Page-Renouf, P.: *The Book of the Dead. Facsimile of the Papyrus of Ani in the British Museum.* London 1890
Lefebvre, G.: *Textes du Tombeau de Petosiris* (Annales du Service des Antiquités. Bd. 21). 1921
Lepsius, R.: *Todtenbuch der Aegypter.* Leipzig 1842
Lurker, M.: *Hund und Wolf in ihrer Beziehung zum Tode* (Antaios X/1969)
Lurker, M.: *Götter und Symbole der alten Ägypter.* München 1974
Mace, A. C.: *The Caskets of Princess Sat-Hathor-Junut* (Bulletin of the Metropolitan Museum of Art, Bd. 15). New York 1920
Mariette, A.: *Les Mastabas de l'Ancien Empire.* Paris 1889
Maspéro, G.: *Les Inscriptions des Pyramides de Saqqarah.* Paris 1894
Maspéro, G.: *Le Double et les Statues prophétiques* (Études de Mythologie et d'Archéologie Égyptiennes. Bd. 1). Paris 1893
Mayassis, S.: *Le Livre des Morts de l'Égypte Ancienne est un Livre d'Initiation* (Bibliothèque d'Archéologie Orientale d'Anthènes). Athen 1955
Maystre, Ch.: *Les Déclarations d'Innocence.* Kairo 1937
Mercer, Samuel A. B.: *The Pyramid Texts.* London, New York 1952
Montet, P.: *Les Scènes de la Vie privée dans les Tombeaux égyptiens de l'Ancien Empire.* Paris 1925
Moret, A.: *Le Rituel du Culte divin journalier.* Paris 1902
Moret, A.: *Mytères Égyptiens.* Paris 1913
Moret, A.: *Le Nil et la Civilisation Égyptienne.* Paris 1926
Moret, A.: *La Mise à mort du dieu en Égypte.* Paris 1942
Morenz, S.: *Rechts und links im Totengericht* (Zeitschrift für ägyptische Sprache und Altertumskunde. Bd. 82/1957)
Morenz, S.: *Ägyptische Religion.* Stuttgart 1960
Naville, E.: *Das Aegyptische Todtenbuch der XVIII. bis zur XX. Dynastie.* Berlin 1886
Naville, E.: *Les Têtes de pierre déposées dans les Tombeaux égyptiens.* Genf 1909
Naville, E.: *Les Amulettes du chevet et de la tête* (Zeitschrift für ägyptische Sprache und Altertumskunde. Bd. 47/1910)
Naville, E.: *Papyrus funéraires de Kamâra et de Nesikhonsou.* Paris 1912
Petrie, W. M. Flinders: *The Royal Tombs of the First Dynasty.* London 1900

Petrie, W. M. Flinders: *The Royal Tombs of the Earliest Dynasties.* London 1901
Petrie, W. M. Flinders: *Denderah.* London 1900
Petrie, W. M. Flinders: *Abydos.* London 1903
Petrie, W. M. Flinders: *Qurneh.* London 1909
Piankoff, A.: *The Tomb of Ramesses VI.* New York 1954
Piankoff, A.: *Le Livre du Jour et de la Nuit* (Institut Français d'Archéologie Orientale). Kairo 1942
Piankoff, A.: *Le »Coeur« dans les Textes Égyptiens.* Paris 1930
Piankoff, A. und N. Rambova: *Mythological Papyri.* 2 Bde. New York 1957
Pierret: *Papyrus funéraire de Nebset.* Paris 1872
Pierret: *Le Livre des Morts des Anciens Égyptiens.* Paris 1882
Pleyte, W.: *Chapitres supplémentaires du Livre des Morts. Traduction et Commentaire.* Leiden 1881
Poertner, B.: *Die ägyptischen Totenstelen als Zeugen des sozialen und religiösen Lebens ihrer Zeit.* Paderborn 1911
Roeder, G.: *Die ägyptische Religion in Texten und Bildern.* 4 Bde. Zürich 1959 – 1961
Rougé, E. de: *Etudes sur le Rituel funéraire des Anciens Egyptiens* (Revue Archéologique). Paris 1860
Schäfer, H.: *Von ägyptischer Kunst.* 4. Aufl. Bearb. und hrsg. von E. Brunner-Traut. Wiesbaden 1963
Seeber, Chr.: *Untersuchungen zur Darstellung des Totengerichts im alten Ägypten.* München 1976
Sethe, K.: *Die Totenliteratur der alten Ägypter* (Sitzungsberichte der Preußischen Akademie der Wissenschaften, Bd. 18/1931
Sethe, K.: *Übersetzung und Kommentar zu den altägyptischen Pyramidentexten.* 6 Bde. Glückstadt 1939 – 1962
Smith, G. E.: *A Contribution to the Study of Mumification in Egypt* (Mémoires de l'Institut Égyptien). Bd. 5. Kairo 1906
Speleers, L.: *Textes des Cercueils du Moyen Empire Égyptien.* Brüssel 1946
Steindorff, G.: *Das Grab des Ti.* Leipzig 1913
Steindorff, G. und W. Wolf: *Die Thebanische Gräberwelt* (Leipziger Ägyptologische Studien). Glückstadt-Hamburg 1936
Thomas, E.: *The Royal Necropolis of Thebes.* Princeton 1966
Thausing, G. und Tr. Kerszt-Kratschmann: *Das Große Ägyptische Totenbuch (Papyrus Reinisch) der Papyrussammlung der Österreich. Nationalbibliothek* (Schriften des Österreich. Kulturinstituts Kairo 1). Kairo 1969
Vandier, J.: *La Religion Égyptienne.* Paris 1944
Virey, Ph.: *La Religion de l'Ancienne Égypte.* Paris 1910
Weill, R.: *Le Champ des Roseaux et le Champ des Offrandes.* Paris 1936
Wolf, W.: *Die Kunst Ägyptens. Gestalt und Geschichte.* Stuttgart 1957
Zabkar, L. V.: *A Study of the Ba Concept in Ancient Egyptian Texts* (Studies in Ancient Oriental Civilization 34). Chicago 1968
Zandee, J.: *Death as an Enemy.* Leiden 1960